대한민국 법령 시리즈 262

어린이제품 안전 특별법

(약칭 : 어린이제품법)

법령

시행령

시행규칙

해광출판사

머리말

이 책은 방대한 법전을 보지 않고 간편하게 해당되는 법령만 참고해서 볼 수 있도록 하였습니다. 공공기관이나 관련 종사자들이 쉽고 간편하게 해당 법령을 참조 할 수 있도록 하였습니다.

특히 해당법률은 물론 관련 시행령, 시행규칙을 함께 실어 관련법을 서로 참고할 수 있게 하였습니다.

법률이라는 것이 크든 작든 항상 변하는 관계로, 출간 이후의 정확하고 최신의 법률은 법제처 국가법령정보센터에서 확인이 가능하니 법률의 실제 적용 시 확인이 필요한 점 유의하기를 바랍니다.

편집부

* 수록 법률은 법제처 국가법령정보센터에서 확인 가능합니다.
* 발행일 기준 시행 법률이므로 최신 법령은 위 센터에서 볼 수 있습니다.
* 본 책자에 수록된 법률의 문구에 대하여 법적인 효력은 없으며,
  실제 적용 법률은 위 센터에서 최신의 법률로 확인하시기 바랍니다.
* 해당 법령과 함께 시행령, 시행규칙도 수록되어 있습니다.
* 발행일 기준으로 개정 예정 법률은 밑줄로 별도 표시되어 있으며,
  보다 정확한 것은 법제처에서 확인하기 바랍니다.

목차

어린이제품 안전 특별법
(약칭 : 어린이제품법)

[시행 2025. 8. 28.] [법률 제20357호, 2024. 2. 27., 타법개정]

**개정 예정 법률 밑줄 별도 표시.

어린이제품 안전 특별법
(약칭 : 어린이제품법)

[시행 2025. 8. 28.] [법률 제20357호, 2024. 2. 27., 타법개정]

제1장 총칙

제1조(목적) 이 법은 어린이가 사용하는 제품의 안전을 확보하여 어린이에게 안전한 환경을 조성하기 위한 기본적인 사항을 규정함으로써 제품으로 인한 어린이 사고를 예방하고, 어린이 건강의 유지·증진에 기여함을 목적으로 한다.

제2조(정의) 이 법에서 사용하는 용어의 뜻은 다음과 같다. 〈개정 2024. 2. 27.〉

1. "어린이제품"이란 만 13세 이하의 어린이가 사용하거나 만 13세 이하의 어린이를 위하여 사용되는 물품 또는 그 부분품이나 부속품을 말한다. 다만, 다음 각 목의 어느 하나에 해당하는 물품 또는 그 부분품이나 부속품은 제외한다.

가. 「약사법」 제2조에 따른 의약품 및 의약외품

나. 「의료기기법」 제2조제1항에 따른 의료기기

다. 「화장품법」 제2조제1호에 따른 화장품

라. 「식품위생법」 제2조제4호에 따른 기구 및 같은 조 제5호에

따른 용기 · 포장

마. 「관광진흥법」 제33조제1항에 따른 테마파크시설

2. "사업자"란 어린이제품을 생산 · 조립 · 가공(이하 "제조"라 한다)하거나 수입 · 판매 · 대여(이하 "유통"이라 한다)하는 자를 말한다.

3. "영업자"란 어린이제품을 영업에 사용하는 자를 말한다.

4. "안전성조사"란 어린이제품이 어린이의 생명 · 신체에 끼치는 위해를 방지하기 위하여 어린이제품의 위험요인을 조사하는 일체의 활동을 말한다.

5. "위해"란 어린이제품에 존재하는 위험요소로서 인체의 건강을 해치거나 해칠 우려가 있는 것을 말한다.

6. "어린이제품안전관리"란 어린이의 생명 · 신체에 대한 위해 또는 재산상 피해를 방지하기 위하여 어린이제품의 제조 또는 유통 등을 관리하는 활동을 말한다.

7. "어린이제품 공통안전기준"이란 어린이제품에서 기본적으로 준수하여야 하는 안전기준을 말한다.

8. "안전인증"이란 제품검사(어린이제품을 시험 · 검사하는 것을 말한다. 이하 같다)와 공장심사(제조설비 · 자체검사설비 · 기술능력 및 제조체제를 심사하는 것을 말한다. 이하 같다)를 모두 거치거나 제품검사만을 거쳐 어린이제품의 안전성을 증명하는 것을 말한다.

9. "안전인증대상어린이제품"이란 구조 · 재질 및 사용방법 등으로 인하여 어린이의 생명 · 신체에 대한 위해 또는 재산상 피해에 대한 우려가 크다고 인정되는 어린이제품 중에서 안전인증을 통하여 그 위해를 방지할 수 있다고 인정되는 어린이제품으로서 산업통상자원

부령으로 정하는 것을 말한다.

10. "안전확인"이란 제품검사를 통하여 안전성을 증명하는 것을 말한다.

11. "안전확인대상어린이제품"이란 구조·재질 및 사용방법 등으로 인하여 어린이의 생명·신체에 위해를 초래할 우려가 있는 어린이제품 중에서 제품검사로 그 위해를 방지할 수 있다고 인정되는 어린이제품으로서 산업통상자원부령으로 정하는 것을 말한다.

12. "공급자적합성확인대상어린이제품"이란 안전인증대상어린이제품 및 안전확인대상어린이제품을 제외한 어린이제품을 말한다.

13. "안전관리대상어린이제품"이란 다음 각 목의 어느 하나에 해당하는 어린이제품을 말한다.

가. 안전인증대상어린이제품

나. 안전확인대상어린이제품

다. 공급자적합성확인대상어린이제품

제3조(국가 등의 책무) ① 국가 및 지방자치단체는 어린이가 제품을 안전하게 사용할 수 있도록 어린이제품의 안전에 관한 정책을 수립하고 시행할 책무를 진다.

② 국가는 어린이제품의 안전성을 확보하기 위하여 어린이제품에 관한 기준 또는 규격(이하 "안전기준"이라 한다)을 국제기준에 부합하도록 제정 또는 개정하고, 이를 시행하도록 하여야 한다.

③ 국가는 어린이제품의 안전을 위하여 필요한 제도적 장치를 마련하고 이에 필요한 재원을 확보하도록 노력하여야 한다.

④ 사업자는 안전한 어린이제품을 제조 또는 유통하여야 하고, 그

어린이제품의 안전성을 확인할 책무를 진다.

제4조(다른 법률과의 관계) 이 법은 어린이제품의 안전에 관하여 다른 법률의 규정에 우선하여 적용한다.

제5조(어린이제품안전관리 기본계획) ① 산업통상자원부장관은 관계 중앙행정기관의 장과 특별시장ㆍ광역시장ㆍ특별자치시장ㆍ도지사ㆍ특별자치도지사(이하 "시ㆍ도지사"라 한다)의 의견을 수렴하여 「전기용품 및 생활용품 안전관리법」 제3조에 따른 제품안전심의위원회의 심의를 거쳐 3년마다 어린이제품의 안전관리에 관한 기본계획(이하 "기본계획"이라 한다)을 수립하여야 한다. 〈개정 2016. 1. 27.〉

② 기본계획은 다음 각 호의 사항을 포함하여야 한다.

1. 어린이제품의 안전관리 목표 및 기본방향
2. 어린이제품의 안전을 확보하기 위한 기반조성
3. 어린이제품으로 인한 사고발생의 예방 및 대책
4. 어린이제품 안전성조사의 기준 및 실시에 관한 사항
5. 안전기준에 관한 연구 및 기술개발에 관한 사항
6. 어린이제품의 제조 및 유통에 대한 규제 사항
7. 그 밖에 어린이제품의 안전을 확보하기 위한 사항

③ 산업통상자원부장관은 기본계획을 수립한 경우 「소비자기본법」 제23조에 따른 소비자정책위원회에 제출하여야 한다.

④ 산업통상자원부장관은 기본계획의 추진에 필요한 인력과 재원을 우선적으로 확보하도록 노력하여야 한다.

⑤ 기본계획의 수립과 시행에 필요한 사항은 대통령령으로 정한다.

제2장 어린이제품 안전성 확보

제1절 안전성조사 및 조치

제6조(안전성조사 및 위해성평가 정보의 반영 등) ① 산업통상자원부장관은 어린이제품이 다음 각 호의 어느 하나에 해당하는 경우에는 안전성조사를 할 수 있다. 다만, 「환경보건법」에 따른 환경유해인자의 위해성평가는 제외한다.

1. 어린이제품으로 인하여 어린이의 생명·신체에 위해를 끼치거나 끼칠 우려가 있는 경우

2. 외국에서 위해성을 이유로 사업자 또는 외국의 다른 사업자가 제12조제5항 각 호의 어느 하나에 해당하는 조치를 취한 경우

3. 그 밖에 어린이제품의 안전을 확보하기 위하여 필요한 경우

② 산업통상자원부장관은 환경부장관이 「환경보건법」 제24조제2항에 따라 실시하는 환경유해인자에 대한 위해성평가 결과 위해성이 확인된 경우 안전관리대상어린이제품의 안전기준에 반영하여야 한다.

③ 산업통상자원부장관은 제1항에 따라 안전성조사를 한 경우에는 그 조사내용과 결과를 보관하여야 하고, 해당 어린이제품의 사업자에게 이를 열람하게 할 수 있다.

④ 제1항에 따른 안전성조사의 방법·절차 및 제3항에 따른 조사내용과 결과의 보관·열람 등의 세부적인 사항은 산업통상자원부령으로 정한다.

제7조(보고와 검사 등) ① 산업통상자원부장관은 다음 각 호의 어느 하나에 해당하는 경우에 사업자에게 필요한 보고나 자료의 제출을

명할 수 있으며 관계 공무원으로 하여금 그 제조시설이나 사업장, 그 밖에 필요한 장소에 출입하여 어린이제품을 수거하게 하거나 관련 서류·시설 및 장비 등을 검사하게 하거나 관계인에게 질문하게 할 수 있다.

1. 불법 어린이제품이 제조·유통되거나 제조·유통될 우려가 있다는 신고가 들어온 경우

2. 어린이제품의 안전관리를 위하여 필요한 경우

② 제1항에 따라 출입하거나 검사를 하는 공무원은 그 권한을 표시하는 증표를 지니고 이를 관계인에게 내보여야 한다.

③ 보고 및 검사의 절차 등 그 밖의 필요한 사항은 산업통상자원부령으로 정한다.

제8조(안전성조사 결과 등에 관한 공표) ① 산업통상자원부장관은 제6조에 따른 안전성조사 결과에 관한 사항을 공표할 수 있다.

② 중앙행정기관의 장, 시·도지사, 시장·군수·구청장(자치구의 구청장을 말한다. 이하 같다) 또는 대통령령으로 정하는 공공기관의 장은 어린이제품의 위해 여부가 의심되는 경우로서 그 사실을 공표하려는 경우에는 산업통상자원부장관에게 그 사실을 미리 알려야 한다.

③ 제1항에 따른 공표방법 등 공표에 필요한 사항은 대통령령으로 정한다.

제9조(어린이제품의 수거등의 권고) ① 산업통상자원부장관은 시중에 유통되는 어린이제품이 어린이의 생명·신체에 위해를 끼치거나 끼칠 우려가 있는 경우에는 해당 사업자에 대하여 수거·파기·수리

·교환·환급·개선조치 또는 제조·유통의 금지, 그 밖에 필요한 조치(이하 "수거등"이라 한다)를 권고할 수 있다.

② 산업통상자원부장관은 제1항에 따른 권고를 받은 사업자가 정당한 이유 없이 그 권고를 따르지 아니하는 경우에는 그 사실을 공표할 수 있다.

③ 사업자는 제1항에 따른 권고에 따라 조치를 한 경우 그 결과 등 대통령령으로 정하는 사항을 산업통상자원부장관에게 보고하여야 한다.

④ 수거등의 권고, 제2항에 따른 공표 및 제3항에 따른 보고에 필요한 사항은 대통령령으로 정한다.

제10조(어린이제품의 수거등의 명령) ① 산업통상자원부장관은 다음 각 호의 어느 하나에 해당하는 경우에는 해당 사업자에 대하여 대통령령으로 정하는 절차에 따라 수거등을 명령하고, 그 사실을 공표할 수 있다.

1. 안전성조사를 실시한 결과 해당 어린이제품의 위해성이 확인된 경우

2. 제9조에 따른 권고를 받은 사업자가 정당한 이유 없이 그 권고를 따르지 아니하는 경우

3. 대통령령으로 정하는 중대한 결함으로 인하여 어린이의 생명·신체에 대한 위해 또는 재산상 피해를 끼치거나 끼칠 우려가 있다고 인정할 만한 상당한 이유가 있는 경우

② 사업자는 제1항에 따른 명령에 따라 조치한 경우 그 결과 등 대통령령으로 정하는 사항을 산업통상자원부장관에게 보고하여야 한다.

③ 산업통상자원부장관은 사업자가 제1항에 따른 명령에 따르지 아니하는 경우에는 직접 해당 어린이제품의 수거등을 할 수 있다. 이 경우 수거등에 사용되는 비용은 해당 사업자에게 징수할 수 있다.

④ 제1항에 따른 수거등의 명령과 공표, 제2항에 따른 보고 및 제3항에 따른 조치와 비용 징수에 필요한 사항은 대통령령으로 정한다.

제11조(권고 등의 해제 신청 등) ① 제9조에 따라 수거등을 권고받거나 제10조에 따라 수거등을 명령받은 사업자 또는 해당 수거등의 권고 또는 명령에 이해관계를 가진 사업자가 권고나 명령에 대하여 불복이 있는 경우에는 그 권고나 명령이 있음을 안 날부터 30일 이내에 산업통상자원부장관에게 권고나 명령의 전부 또는 일부 해제를 신청할 수 있다.

② 산업통상자원부장관은 제1항에 따른 신청에 대하여 30일 이내에 제9조에 따른 권고 또는 제10조에 따른 명령의 전부 또는 일부의 해제 여부를 결정하여야 한다. 다만, 부득이한 사정으로 그 기간 내에 결정을 할 수 없을 경우에는 30일의 범위에서 그 기간을 연장할 수 있다.

③ 제10조에 따른 명령을 받은 자는 제1항에 따른 신청 여부와 관계없이 「행정심판법」에 따른 행정심판을 청구할 수 있다.

④ 제1항에 따른 신청의 절차 및 방법 등에 관한 사항은 대통령령으로 정한다.

제12조(사업자 보고의무) ① 사업자는 시중에 유통시킨 어린이제품이 다음 각 호의 어느 하나에 해당하는 경우 해당 어린이제품의 명칭 · 상표 · 모델명 · 사고내용, 제조 · 수입수량 및 판매수량 등을 그

사실을 알게 된 날부터 48시간 이내에 산업통상자원부령으로 정하는 바에 따라 산업통상자원부장관에게 보고하여야 한다.

1. 어린이제품안전과 관련된 안전기준을 준수하지 아니한 경우

2. 어린이제품이 중상 또는 사망 등 대통령령으로 정하는 중대한 사고를 발생시킨 경우

3. 어린이제품에 대통령령으로 정하는 중대한 결함이 발견된 경우

② 사업자는 시중에 유통시킨 어린이제품의 결함으로 인하여 어린이의 생명·신체에 대한 위해 또는 재산상 피해를 끼치거나 끼칠 우려가 있어 자발적으로 수거등의 조치를 취하고자 할 경우 대통령령으로 정하는 바에 따라 그 방법과 절차 등에 대하여 산업통상자원부장관에게 보고하여야 한다.

③ 산업통상자원부장관은 제2항에 따른 자발적 수거등의 조치계획이 어린이제품안전관리에 미흡하다고 판단되는 경우 보완을 요청할 수 있다. 이 경우 사업자는 정당한 사유가 없으면 이에 따라야 한다.

④ 사업자는 제2항에 따라 수거등의 조치를 한 후 그 결과 등 대통령령으로 정하는 사항을 산업통상자원부장관에게 보고하여야 한다.

⑤ 사업자는 시중에 유통시킨 제품과 동일한 제품에 대하여 외국에서 위해성을 이유로 다음 각 호의 어느 하나에 해당하는 조치를 한 경우 또는 외국의 다른 사업자가 해당 조치를 한 사실을 알게 된 경우에는 대통령령으로 정하는 바에 따라 산업통상자원부장관에게 즉시 보고하여야 한다. 다만, 해당 사업자가 제2항에 따라 해당

어린이제품의 자발적인 수거등의 조치를 취하고 보고한 경우에는 그러하지 아니하다.

1. 외국 정부로부터 수거등의 권고 또는 명령을 받고 수거등의 조치를 한 경우

2. 자발적으로 수거등의 조치를 한 경우

제13조(내부자신고 등) ① 사업자가 어린이제품의 중대한 결함으로 인하여 어린이의 생명·신체에 위해를 끼칠 우려가 있다는 사실을 알고 있음에도 그 결함의 내용을 숨기고 있는 경우 해당 사업자의 피고용인은 그 사실을 산업통상자원부장관에게 신고할 수 있다.

② 사업자는 제1항에 따른 신고를 이유로 해당 피고용인에 대하여 불리한 처우를 하여서는 아니 된다.

③ 누구든지 신고를 한 이유로 신분상 불이익을 당하였을 경우에는 산업통상자원부장관에게 불이익처분의 원상회복이나 그 밖에 필요한 조치를 요구할 수 있다.

④ 산업통상자원부장관은 조사 결과 피고용인의 요구 내용이 타당하다고 인정하는 때에는 사업자에게 적절한 조치를 요구할 수 있다. 이 경우 사업자는 정당한 이유가 없으면 이에 따라야 한다.

제14조(어린이제품사고 관련 자료제출 요청 등) ① 산업통상자원부장관은 어린이제품으로 인하여 어린이의 생명·신체에 위해를 끼치거나 끼칠 우려가 있는 사고가 발생한 때에는 사고의 경위와 원인을 파악하고 필요한 안전조치를 하기 위하여 사업자에게 사고와 관련된 자료의 제출을 요청할 수 있다. 이 경우 자료제출을 요청받은 사업자는 특별한 사유가 없으면 이에 따라야 한다.

② 산업통상자원부장관은 제1항에 따른 어린이제품사고의 경위 및 원인을 과학적이고 효율적으로 파악하기 위하여 산업통상자원부령으로 정하는 바에 따라 어린이제품안전 관련 업무를 수행하는 법인 또는 단체를 지정하여 어린이제품사고의 경위 및 원인 등을 조사하게 할 수 있다.

③ 제1항에 따라 요청할 수 있는 자료의 범위, 제2항에 따른 조사의 방법과 절차, 그 밖에 필요한 사항은 산업통상자원부령으로 정한다.

제2절 어린이제품 안전인증

제15조(안전인증기관의 지정 등) ① 산업통상자원부장관은 어린이제품의 안전성을 확보하기 위하여 어린이제품의 안전인증업무를 수행하는 기관을 지정할 수 있다.

② 제1항에 따라 지정을 받으려는 자는 안전인증을 하기 위하여 필요한 시험·검사 설비 및 심사 인력 등 대통령령령으로 정하는 기준을 확보하여 산업통상자원부장관에게 신청하여야 한다.

③ 산업통상자원부장관은 제1항에 따라 지정받은 기관(이하 "안전인증기관"이라 한다)에 안전인증업무를 수행하는 데에 필요한 지원을 할 수 있다.

④ 제1항 및 제2항에 따른 지정의 절차 및 방법 등에 필요한 사항은 산업통상자원부령으로 정한다.

제16조(안전인증기관의 지정 취소 등) ① 산업통상자원부장관은 안전인증기관이 다음 각 호의 어느 하나에 해당하는 경우에는 그 지

정을 취소하거나 1년 이내의 기간을 정하여 해당 업무의 전부 또는 일부의 정지를 명할 수 있다. 다만, 제1호 또는 제2호에 해당하는 경우에는 그 지정을 취소하여야 한다.

1. 거짓 또는 그 밖의 부정한 방법으로 안전인증기관으로 지정받은 경우
2. 업무정지 기간에 안전인증을 한 경우
3. 정당한 사유 없이 안전인증을 거부한 경우
4. 제15조에 따른 안전인증기관 지정 기준에 맞지 아니하게 된 경우
5. 제17조제3항을 위반하여 안전인증을 한 경우
6. 제17조제4항을 위반하여 조건을 붙인 경우
7. 제17조제5항을 위반하여 안전인증 기록을 작성·보관하지 아니하거나 거짓으로 작성·보관한 경우
8. 제21조제3항을 위반하여 안전인증을 한 경우
9. 안전인증기관 지정 시 허가하여 부여된 업무의 범위를 초과하여 업무를 수행한 경우

② 제1항에 따른 지정 취소 및 업무정지의 기준 및 절차 등에 필요한 사항은 산업통상자원부령으로 정한다.

제17조(안전인증 등) ① 안전인증대상어린이제품 제조업자(외국에서 제조하여 대한민국으로 수출하려는 자를 포함한다. 이하 이 절에서 같다) 또는 수입업자는 산업통상자원부령으로 정하는 바에 따라 안전인증기관으로부터 다음 각 호의 구분에 따른 방법으로 그 안전인증대상어린이제품의 안전인증을 받아야 한다.

1. 어린이제품 모델(산업통상자원부령으로 정하는 고유한 명칭을 부여한 제품의 형식을 말한다. 이하 같다)에 대하여 안전인증을 받는 경우에는 제품검사와 공장심사를 모두 거칠 것

2. 일정 수량만 제조·수입하거나 1회성으로 생산하는 어린이제품에 대하여만 안전인증을 받는 경우에는 제품검사만을 거칠 것

② 안전인증대상어린이제품 제조업자는 안전인증을 받은 사항을 변경하려는 경우에는 산업통상자원부령으로 정하는 방법 및 절차에 따라 안전인증기관에 안전인증의 변경을 신청하여야 한다.

③ 안전인증기관은 산업통상자원부장관이 고시하는 제품검사의 안전기준(어린이제품 공통안전기준을 포함한다. 이하 같다), 공장심사의 기준에 적합한 경우 안전인증을 하여야 한다. 다만, 안전기준이 고시되지 아니하거나 고시된 안전기준을 적용할 수 없는 안전인증대상어린이제품에 대하여는 관련 국제기준 또는 국내외의 국가표준 등을 준용하여 산업통상자원부령으로 정하는 바에 따라 안전인증을 할 수 있다.

④ 안전인증기관은 필요한 경우에는 산업통상자원부령으로 정하는 바에 따라 안전인증에 조건을 붙일 수 있다.

⑤ 안전인증기관은 산업통상자원부령으로 정하는 바에 따라 안전인증을 한 기록을 작성·보관하여야 한다.

⑥ 안전인증기관은 안전인증을 받은 안전인증대상어린이제품의 안전성이 유지되고 있는지를 확인하기 위하여 산업통상자원부령으로 정하는 방법 및 절차에 따라 안전인증대상어린이제품 제조업자의 안전인증대상어린이제품 또는 공장에 대하여 2년에 1회 정기검사를

할 수 있다. 다만, 안전인증대상어린이제품의 안전성에 문제가 발생하는 등 특별한 사정이 있는 경우에는 수시검사를 할 수 있다.

⑦ 안전인증대상어린이제품 제조업자는 안전인증을 받은 후 제조되는 안전인증대상어린이제품에 대하여 산업통상자원부령으로 정하는 바에 따라 안전성이 유지되고 있는지에 관한 자체검사를 하여야 한다.

⑧ 안전인증대상어린이제품 제조업자 또는 수입업자는 다음 각 호의 구분에 따른 서류를 산업통상자원부령으로 정하는 바에 따라 작성·보관하여야 한다.

1. 제조업자: 안전인증대상어린이제품이 제3항에 따른 안전기준에 적합하다는 사실을 증명하는 서류와 제7항에 따른 자체검사의 기록

2. 수입업자: 안전인증대상어린이제품이 제3항에 따른 안전기준에 적합하다는 사실을 증명하는 서류

⑨ 안전인증기관은 제6항 본문에 따른 정기검사 및 제7항에 따른 자체검사의 실적이 우수한 안전인증대상어린이제품 제조업자에 대하여는 산업통상자원부령으로 정하는 바에 따라 정기검사의 전부 또는 일부를 면제할 수 있다.

⑩ 안전인증기관은 산업통상자원부령으로 정하는 바에 따라 안전인증대상어린이제품의 안전에 관한 시험·검사를 하는 국내외의 기관과 안전인증대상어린이제품에 대한 제품검사 또는 공장심사의 결과를 상호인정하는 계약을 체결할 수 있다.

⑪ 제2항, 제4항, 제6항 및 제7항은 제1항제2호에 따른 방법으로 안전인증을 받는 경우에는 적용하지 아니한다.

제18조(안전인증의 면제) ① 산업통상자원부장관은 안전인증대상어린이제품이 다음 각 호의 어느 하나에 해당하는 경우에는 제17조제1항에도 불구하고 산업통상자원부령으로 정하는 바에 따라 안전인증의 전부 또는 일부를 면제할 수 있다.

1. 연구·개발 또는 수출을 목적으로 제조하거나 수입하는 경우

2. 전시회나 박람회에 출품할 목적으로 제조하거나 수입하는 경우

3. 산업통상자원부장관이 고시하는 외국의 안전인증기관에서 안전인증을 받은 경우

4. 「산업표준화법」 제15조에 따라 인증을 받은 경우

5. 제17조제10항에 따라 안전인증기관이 상호인정 계약을 체결한 국내외의 기관에서 제품검사나 공장심사를 받아 적합한 것임을 인정받은 경우

6. 그 밖에 산업통상자원부령으로 정하는 경우

② 제조업자 또는 수입업자는 제1항제3호부터 제6호까지에 따라 안전인증을 면제받은 후 그 면제 사유가 취소된 경우에는 제17조에 따른 안전인증을 다시 받아야 한다.

제19조(안전인증의 표시 등) ① 안전인증대상어린이제품 제조업자 또는 수입업자는 안전인증을 받은 안전인증대상어린이제품에 안전인증의 표시(제품정보에 관한 표시를 포함하며, 이하 "안전인증표시"라 한다)를 하여야 한다. 다만, 제18조제1항제1호 및 제2호에 따라 안전인증의 전부를 면제받은 안전인증대상어린이제품의 경우에는 그러하지 아니하다.

② 안전인증표시는 도형 또는 기호를 이용하여 어린이가 쉽게 알

수 있도록 산업통상자원부령으로 정하고, 제품정보에 관한 표시의 방법은 산업통상자원부장관이 정하여 고시한다.

③ 안전인증을 받지 아니한 안전인증대상어린이제품에는 안전인증 표시 또는 이와 유사한 표시를 하여서는 아니 된다.

④ 사업자는 안전인증을 받은 안전인증대상어린이제품의 안전인증 표시를 임의로 변경하거나 제거하여서는 아니 된다.

⑤ 사업자는 안전인증표시와 별도로 안전인증대상어린이제품이 어린이의 생명·신체에 미치는 영향에 관하여 주의 또는 경고의 표시를 하여야 한다. 이 경우 표시의 방법에 관해서는 산업통상자원부령으로 정한다.

제20조(판매·사용 등의 금지) ① 사업자는 안전인증표시가 없는 안전인증대상어린이제품을 판매하거나 판매를 목적으로 수입·진열 또는 보관하여서는 아니 된다.

② 영업자는 안전인증표시가 없는 안전인증대상어린이제품을 영업에 사용하여서는 아니 된다.

제21조(안전인증의 취소 등) ① 안전인증기관은 안전인증을 받은 안전인증대상어린이제품 제조업자 또는 수입업자가 다음 각 호의 어느 하나에 해당하는 경우에는 산업통상자원부령으로 정하는 바에 따라 안전인증을 취소하거나 6개월 이내의 범위에서 안전인증표시의 사용을 금지할 수 있다. 다만, 제1호 또는 제8호에 해당하는 경우에는 안전인증을 취소하여야 한다.

1. 거짓 또는 그 밖의 부정한 방법으로 안전인증을 받은 경우
2. 안전인증을 받은 후 제조되는 안전인증대상어린이제품이 제17

조제3항에 따른 제품검사의 안전기준 또는 공장심사의 기준에 적합하지 아니한 경우

3. 제17조제4항에 따른 조건을 이행하지 아니한 경우

4. 제17조제6항에 따른 정기검사 또는 수시검사를 거부·방해 또는 기피한 경우

5. 제17조제7항에 따른 자체검사를 하지 아니한 경우

6. 제17조제8항에 따른 자체검사의 기록 및 안전기준에 적합하다는 사실을 증명하는 서류를 작성·보관하지 아니하거나 거짓으로 작성·보관한 경우

7. 제19조제1항 본문에 따른 안전인증표시를 하지 아니하거나 거짓으로 표시한 경우

8. 제2호부터 제7호까지의 규정의 어느 하나에 해당하여 안전인증표시의 사용이 금지된 자가 안전인증표시를 사용한 경우

② 안전인증기관은 제1항에 따라 안전인증을 취소하거나 안전인증표시의 사용을 금지한 경우에는 산업통상자원부령으로 정하는 바에 따라 그 사실을 공고하여야 한다.

③ 안전인증기관은 제1항에 따라 안전인증을 취소한 경우에는 그 취소한 날부터 1년 이내에는 같은 모델의 안전인증대상어린이제품에 대하여 안전인증을 하여서는 아니 된다.

제3절 어린이제품 안전확인

제22조(안전확인 신고 등) ① 안전확인대상어린이제품의 제조업자 및 수입업자는 산업통상자원부령으로 정하는 바에 따라 안전확인대

상어린이제품의 모델별로 제4항에 따라 지정된 시험·검사기관으로부터 안전성에 대한 시험·검사를 받아 해당 어린이제품이 제3항에 따른 안전기준에 적합한 것임을 확인한 후, 이를 산업통상자원부장관에게 신고하여야 한다. 이 경우 신고한 사항을 변경하려는 경우에는 변경신고를 하여야 한다. 〈개정 2022. 2. 3.〉

② 산업통상자원부장관은 제1항에 따른 신고 또는 변경신고를 받은 경우 그 내용을 검토하여 이 법에 적합하면 신고를 수리하여야 한다. 〈신설 2022. 2. 3.〉

③ 제4항에 따라 지정된 시험·검사기관은 산업통상자원부장관이 고시하는 안전확인대상어린이제품에 관한 안전기준을 적용하여 시험·검사를 하여야 한다. 다만, 안전기준이 고시되지 아니하거나 고시된 안전기준을 적용할 수 없는 안전확인대상어린이제품에 대하여는 산업통상자원부령으로 정하는 바에 따라 관련 국제기준 또는 국내외의 국가표준 등을 준용하여 시험·검사를 할 수 있다. 〈개정 2022. 2. 3.〉

④ 산업통상자원부장관은 「국가표준기본법」 제23조에 따라 인정된 시험·검사기관 중에서 산업통상자원부령으로 정하는 기준에 맞는 기관을 안전확인대상어린이제품 시험·검사기관(이하 "시험·검사기관"이라 한다)으로 지정할 수 있으며, 지정한 경우에는 이를 공고하여야 한다. 〈개정 2022. 2. 3.〉

⑤ 제1항에 따른 안전확인의 유효기간은 5년으로 하되, 안전확인의 신고가 수리된 날부터 기산(起算)한다. 〈개정 2022. 2. 3.〉

⑥ 안전확인대상어린이제품의 제조업자 또는 수입업자는 제1항에

따른 신고를 한 경우에는 산업통상자원부령으로 정하는 바에 따라 해당 어린이제품이 제3항에 따른 안전기준에 적합하다는 사실을 증명하는 서류를 산업통상자원부령으로 정하는 기간 동안 비치하여야 한다. 〈개정 2022. 2. 3.〉

⑦ 시험·검사기관은 산업통상자원부령으로 정하는 바에 따라 안전확인대상어린이제품의 안전에 관한 시험·검사를 하는 국내외의 기관과 어린이제품 안전확인에 대한 시험·검사의 결과를 상호인정하는 계약을 체결할 수 있다. 〈개정 2022. 2. 3.〉

⑧ 산업통상자원부장관은 안전확인대상어린이제품이 다음 각 호의 어느 하나에 해당하는 경우에는 산업통상자원부령으로 정하는 바에 따라 제1항에 따른 안전확인 신고를 면제하거나 시험·검사의 전부 또는 일부를 면제할 수 있다. 〈개정 2022. 2. 3.〉

1. 연구·개발 또는 수출을 목적으로 제조하거나 수입하는 경우
2. 전시회나 박람회에 출품할 목적으로 제조하거나 수입하는 경우
3. 「산업표준화법」 제15조에 따라 인증을 받은 경우
4. 제7항에 따라 시험·검사기관이 상호인정 계약을 체결한 국내외의 기관에서 시험·검사를 받아 적합한 것임을 인정받은 경우
5. 그 밖에 신고를 할 필요가 없는 것으로서 산업통상자원부장관이 고시하는 기준에 맞는 경우

⑨ 제조업자 또는 수입업자는 제8항제3호부터 제5호까지의 규정에 따라 안전확인을 면제받은 후 그 면제사유가 취소된 경우에는 제1항에 따라 안전확인을 다시 받아야 한다. 〈개정 2022. 2. 3.〉

⑩ 산업통상자원부장관은 시험·검사기관이 다음 각 호의 어느 하

나에 해당하는 경우에는 산업통상자원부령으로 정하는 바에 따라 그 지정을 취소하거나 1년 이내의 기간을 정하여 해당 업무의 전부 또는 일부의 정지를 명할 수 있다. 다만, 제1호 또는 제2호에 해당하는 경우에는 그 지정을 취소하여야 한다. 〈개정 2022. 2. 3.〉

1. 거짓 또는 그 밖의 부정한 방법으로 시험·검사기관으로 지정받은 경우
2. 업무정지 기간에 안전확인대상어린이제품 시험·검사를 한 경우
3. 정당한 사유 없이 안전확인대상어린이제품 시험·검사를 거부한 경우
4. 제3항에 따른 안전기준을 위반하여 안전확인대상어린이제품 시험·검사 성적서를 발급한 경우
5. 제4항에 따른 시험·검사기관 지정 기준에 맞지 아니하게 된 경우
6. 제4항에 따라 지정받지 아니한 품목에 대하여 시험·검사를 한 경우
7. 제12항을 위반하여 안전확인 기록을 작성·보관하지 아니하거나 거짓으로 작성·보관한 경우
8. 제24조의2제3항을 위반하여 안전확인 시험·검사를 실시한 경우

⑪ 산업통상자원부장관은 필요한 경우에는 시험·검사기관을 지도·점검할 수 있다. 〈개정 2022. 2. 3.〉

⑫ 시험·검사기관은 산업통상자원부령으로 정하는 바에 따라 안

전확인을 한 기록을 작성 · 보관하여야 한다. 〈개정 2022. 2. 3.〉

제23조(안전확인의 표시 등) ① 안전확인대상어린이제품의 제조업자 또는 수입업자는 제22조제1항에 따라 산업통상자원부장관에게 신고한 안전확인대상어린이제품에 산업통상자원부령으로 정하는 바에 따라 안전확인의 표시(제품정보에 관한 표시를 포함하며, 이하 "안전확인표시"라 한다)를 하여야 한다. 다만, 제22조제8항제1호 및 제2호에 따라 신고를 면제받은 어린이제품의 경우에는 그러하지 아니하다. 〈개정 2022. 2. 3.〉

② 안전확인표시는 도형 또는 기호를 이용하여 어린이가 쉽게 알 수 있도록 산업통상자원부령으로 정하고, 제품정보에 관한 표시의 방법은 산업통상자원부장관이 정하여 고시한다.

③ 제22조제1항에 따른 신고를 하지 아니한 안전확인대상어린이제품에는 안전확인표시 또는 이와 유사한 표시를 하여서는 아니 된다.

④ 사업자는 안전확인대상어린이제품의 안전확인표시를 임의로 변경하거나 제거하여서는 아니 된다.

⑤ 사업자는 안전확인표시와 별도로 안전확인대상어린이제품이 어린이의 생명 · 신체에 미치는 영향에 관하여 주의 또는 경고의 표시를 하여야 한다. 이 경우 표시의 방법에 관해서는 산업통상자원부령으로 정한다.

제24조(판매 · 사용 등의 금지) ① 사업자는 안전확인표시가 없는 안전확인대상어린이제품을 판매하거나 판매를 목적으로 수입 · 진열 또는 보관하여서는 아니 된다.

② 영업자는 안전확인표시가 없는 안전확인대상어린이제품을 영업

에 사용하여서는 아니 된다.

제24조의2(안전확인 신고의 효력상실 처분 등) ① 산업통상자원부장관은 안전확인대상어린이제품의 제조업자 또는 수입업자가 다음 각 호의 어느 하나에 해당하는 경우에는 산업통상자원부령으로 정하는 바에 따라 안전확인 신고의 효력상실 처분을 하거나 6개월 이내의 범위에서 안전확인표시의 사용금지명령 또는 개선명령을 할 수 있다. 다만, 제1호에 해당하는 경우에는 안전확인 신고의 효력상실 처분을 하여야 한다.

1. 거짓이나 그 밖의 부정한 방법으로 안전확인 신고를 한 경우
2. 안전확인대상어린이제품이 제22조제3항에 따른 안전기준에 적합하지 아니한 경우
3. 안전확인표시를 하지 아니하거나 거짓으로 안전확인표시를 한 경우
4. 제34조제2항 또는 제5항에 따른 명령을 위반한 경우

② 산업통상자원부장관은 제1항에 따라 안전확인 신고의 효력상실 처분, 안전확인표시의 사용금지명령 또는 개선명령을 한 경우에는 산업통상자원부령으로 정하는 바에 따라 그 사실을 공고하여야 한다.

③ 제1항에 따른 안전확인 신고의 효력상실 처분이 있는 경우 시험·검사기관은 그 처분이 있는 날부터 1년 이내에는 같은 모델의 안전확인대상어린이제품에 대한 안전확인 시험·검사를 하여서는 아니 된다.

[본조신설 2022. 2. 3.]

제4절 어린이제품 공급자적합성확인

제25조(공급자적합성확인 등) ① 공급자적합성확인대상어린이제품의 제조업자 및 수입업자는 해당 어린이제품이 제2항에 따른 안전기준에 적합한 것임을 스스로 확인(이하 "공급자적합성확인"이라 한다)하고 공급자적합성확인의 표시(제품정보에 관한 표시를 포함하며, 이하 "공급자적합성확인표시"라 한다)를 하여야 한다. 다만, 다음 각 호의 어느 하나에 해당하는 경우에는 공급자적합성확인표시를 하지 아니할 수 있다.

1. 연구·개발 또는 수출을 목적으로 제조하거나 수입하는 경우
2. 전시회나 박람회에 출품할 목적으로 제조하거나 수입하는 경우
3. 그 밖에 다른 법령에 따라 안전성이 인정되는 경우로서 산업통상자원부령으로 정하는 경우

② 공급자적합성확인대상어린이제품의 제조업자 및 수입업자는 산업통상자원부장관이 고시하는 공급자적합성확인대상어린이제품에 관한 안전기준을 적용하여 시험·검사를 하여야 한다.

③ 제조업자 및 수입업자는 제2항에 따라 고시된 안전기준이 없거나 고시된 안전기준을 적용할 수 없는 어린이제품에 대하여는 산업통상자원부령으로 정하는 바에 따라 관련 국제기준 또는 국내외의 국가표준 등을 준용하여 안전기준 적합 여부를 판단할 수 있다.

④ 공급자적합성확인표시는 도형 또는 기호를 이용하여 어린이가 쉽게 알 수 있도록 산업통상자원부령으로 정하고, 제품정보에 관한 표시의 방법은 산업통상자원부장관이 정하여 고시한다.

⑤ 사업자는 공급자적합성확인표시와 별도로 공급자적합성확인대

상어린이제품이 어린이의 생명·신체에 미치는 영향에 관하여 주의 또는 경고의 표시를 하여야 한다. 이 경우 표시의 방법에 관해서는 산업통상자원부령으로 정한다.

⑥ 공급자적합성확인대상어린이제품의 제조업자 또는 수입업자가 공급자적합성확인을 한 경우에는 산업통상자원부령으로 정하는 바에 따라 해당 어린이제품이 제2항에 따른 안전기준에 적합하다는 사실을 증명하는 서류를 비치하여야 한다.

⑦ 사업자는 공급자적합성확인표시가 없는 공급자적합성확인대상어린이제품을 판매하거나 판매를 목적으로 수입·진열 또는 보관하여서는 아니 된다.

⑧ 영업자는 공급자적합성확인표시가 없는 공급자적합성확인대상어린이제품을 영업에 사용하여서는 아니 된다.

제26조(거짓의 공급자적합성확인 금지 등) ① 제조업자 및 수입업자는 어린이제품에 거짓으로 공급자적합성확인표시를 하여서는 아니 된다.

② 사업자는 공급자적합성확인대상어린이제품의 공급자적합성확인표시를 임의로 변경하거나 제거하여서는 아니 된다.

제5절 어린이제품 안전정보 수집·관리

제27조(어린이제품 관련 시장감시업무의 수행과 안전정보의 제공요청 등) ① 산업통상자원부장관은 어린이제품 안전사고와 관련이 있는 제품의 조사·감정 등의 업무 수행을 위하여 필요한 시험·분석 업무를 대통령령으로 정하는 바에 따라 수행하여야 한다.

② 산업통상자원부장관은 어린이제품안전관리에 필요하다고 인정하는 경우에는 다음 각 호의 기관 또는 사람에 대하여 대통령령으로 정하는 어린이제품 안전에 관한 정보제공을 요청할 수 있다. 이 경우 정보의 제공을 요청받은 기관 또는 사람은 특별한 사유가 없으면 이에 따라야 한다.

1. 관계 중앙행정기관 또는 지방자치단체

2. 「공공기관의 운영에 관한 법률」 제4조에 따른 공공기관 또는 대통령령으로 정하는 공공단체

3. 시험·검사기관, 연구기관 등 어린이제품 안전에 관한 정보를 보유한 기관으로서 대통령령으로 정하는 기관

4. 의료기관·보험회사 등 어린이제품으로 인한 사고 관련 정보를 보유하고 있는 자로서 대통령령으로 정하는 자

제28조(안전정보의 수집·관리) ① 산업통상자원부장관은 「제품안전기본법」 제16조에 따른 제품안전정보망을 활용하여 어린이제품과 관련된 각종 사고정보 등을 체계적으로 수집·관리하여야 한다.

② 어린이제품 안전정보의 수집·관리 등에 필요한 사항은 산업통상자원부령으로 정한다.

제6절 불법제품 판매제한 등

제29조(사용연령에 따른 판매 제한) 어린이제품 판매업자는 해당 어린이제품을 사용할 수 있는 어린이의 연령을 제17조제3항 본문, 제22조제3항 본문, 제25조제2항에 따른 안전기준(제17조제3항 단서, 제22조제3항 단서, 제25조제3항에 따라 안전인증, 안전확인을 하거

나 안전기준 적합 여부를 확인하는 경우에는 그 기준을 말한다)에서 정하고 있는 경우에는 그 기준에 맞지 아니하는 어린이에게 해당 안전관리대상어린이제품을 판매하여서는 아니 된다. 〈개정 2022. 2. 3.〉

제30조(중개 및 구매·수입대행의 금지) 어린이제품 판매중개업자 및 구매·수입대행업자는 안전인증, 안전확인 및 공급자적합성확인(이하 이 조에서 "안전인증등"이라 한다)의 표시가 없는 안전관리대상어린이제품의 판매를 중개(「전자상거래 등에서의 소비자보호에 관한 법률」에 따른 통신판매중개자가 자신이 운영하는 사이버몰에서 발견된 안전인증등의 표시가 없는 제품을 즉시 삭제하고 통신판매중개의뢰자가 상품등록 시 안전인증등의 정보를 입력하도록 하는 한편, 소비자가 이러한 정보를 확인할 수 있도록 기술적 조치를 취한 경우는 제외한다. 이하 같다)하거나 구매 또는 수입을 대행하여서는 아니 된다. 〈개정 2016. 1. 27.〉

제3장 올바른 어린이제품 정보제공 등

제31조(안전한 어린이제품에 대한 장려 및 지원) ① 산업통상자원부장관은 제17조에 따른 안전인증, 제22조에 따른 안전확인, 제25조에 따른 공급자적합성확인을 받은 어린이제품의 제조 및 유통이 확대될 수 있도록 노력하여야 한다.

② 산업통상자원부장관은 제17조, 제22조, 제25조에 따라 안전성이 확인된 어린이제품의 제조 및 유통 확대를 장려하기 위하여 필요한 지원을 할 수 있다.

제32조(어린이제품 안전친화기업 지정 등) ① 산업통상자원부장관은 어린이제품의 안전을 확보하고 안전수준을 향상시키기 위하여 모범적인 활동을 하는 제17조에 따른 안전인증대상어린이제품 및 제22조에 따른 안전확인대상어린이제품 사업자를 어린이제품 안전친화기업(이하 "안전친화기업"이라 한다)으로 지정할 수 있다.

② 안전친화기업으로 지정받고자 하는 사업자는 산업통상자원부령으로 정하는 바에 따라 산업통상자원부장관에게 신청하여야 한다.

③ 안전친화기업으로 지정받은 사업자는 해당 어린이제품의 용기나 포장 등에 안전친화기업의 로고를 표시하거나 광고에 사용할 수 있다.

④ 산업통상자원부장관은 안전친화기업으로 지정받은 사업자가 다음 각 호의 어느 하나에 해당하는 경우에는 그 지정을 취소하거나 시정을 명할 수 있다. 이 경우 지정을 취소한 때에는 그 취소한 날부터 1년 이내에는 해당 사업자를 안전친화기업으로 지정하여서는 아니 된다. 다만, 제1호에 해당하는 경우에는 그 지정을 취소하여야 한다.

1. 거짓이나 그 밖의 부정한 방법으로 지정을 받은 경우
2. 제17조, 제22조를 위반한 경우
3. 제1호 및 제2호에 준하는 사항으로서 산업통상자원부령으로 정하는 사항을 지키지 아니한 경우

⑤ 안전친화기업의 지정, 로고 및 표시방법 등에 필요한 사항은 산업통상자원부령으로 정한다.

제33조(안전친화기업 지정업무 위탁) 산업통상자원부장관은 안전친화기업 지정업무를 정부출연기관 또는 단체로서 대통령령으로 정하는 기관 또는 단체에 위탁할 수 있다. 이 경우 지정업무에 사용되는

비용은 국가가 지원하여야 한다.

제4장 보칙

제34조(판매중지등의 명령 등) ① 시·도지사는 안전인증대상어린이제품 사업자 또는 영업자가 다음 각 호의 어느 하나에 해당하는 경우에는 대통령령으로 정하는 바에 따라 일정한 기간을 정하여 해당 어린이제품의 판매중지·개선·수거 또는 파기(이하 "판매중지등"이라 한다)를 명할 수 있다.

1. 제17조제1항에 따른 안전인증을 받지 아니한 경우

2. 제17조제3항 본문에 따른 제품검사의 안전기준 또는 공장심사의 기준(제17조제3항 단서에 따라 안전인증을 받은 경우에는 그 기준을 말한다)에 적합하지 아니한 안전인증대상어린이제품을 제조하거나 수입한 경우

3. 제19조제1항 본문을 위반하여 안전인증을 받은 안전인증대상어린이제품에 안전인증표시를 하지 아니한 경우

4. 제19조제3항을 위반하여 안전인증을 받지 아니한 안전인증대상어린이제품에 안전인증표시 또는 이와 유사한 표시를 한 경우

5. 제19조제4항을 위반하여 안전인증표시를 임의로 변경하거나 제거한 경우

6. 제20조제1항을 위반하여 안전인증표시가 없는 안전인증대상어린이제품을 판매하거나 판매를 목적으로 수입·진열 또는 보관한 경우

7. 제20조제2항을 위반하여 안전인증표시가 없는 안전인증대상어

린이제품을 영업에 사용한 경우

② 시·도지사는 안전확인대상어린이제품 사업자 또는 영업자가 다음 각 호의 어느 하나에 해당하는 경우에는 대통령령으로 정하는 바에 따라 일정한 기간을 정하여 해당 어린이제품의 판매중지등을 명할 수 있다. 〈개정 2022. 2. 3.〉

1. 제22조제1항에 따른 신고(변경신고를 포함한다)를 하지 아니한 경우

2. 제22조제3항 본문에 따른 안전기준(같은 항 단서에 따라 시험·검사를 한 경우에는 그 기준을 말한다)에 적합하지 아니한 안전확인대상어린이제품을 제조하거나 수입한 경우

3. 제23조제1항 본문을 위반하여 신고한 안전확인대상어린이제품에 안전확인표시를 하지 아니한 경우

4. 제23조제3항을 위반하여 신고하지 아니한 안전확인대상어린이제품에 안전확인표시 또는 이와 유사한 표시를 한 경우

5. 제23조제4항을 위반하여 안전확인표시를 임의로 변경하거나 제거한 경우

6. 제24조제1항을 위반하여 안전확인표시가 없는 안전확인대상어린이제품을 판매하거나 판매를 목적으로 수입·진열 또는 보관한 경우

7. 제24조제2항을 위반하여 안전확인표시가 없는 안전확인대상어린이제품을 영업에 사용한 경우

③ 시·도지사는 공급자적합성확인대상어린이제품 사업자 또는 영업자가 다음 각 호의 어느 하나에 해당하는 경우에는 대통령령으로

정하는 바에 따라 일정한 기간을 정하여 해당 어린이제품의 판매중지등을 명할 수 있다.

1. 제25조제1항을 위반하여 공급자적합성확인을 하지 아니한 경우

2. 제25조제2항에 따른 안전기준(제25조제3항에 따라 안전기준 적합 여부를 판단한 경우에는 그 기준을 말한다)에 적합하지 아니한 공급자적합성확인대상어린이제품을 제조하거나 수입한 경우

3. 제25조제7항을 위반하여 공급자적합성확인표시가 없는 공급자적합성확인대상어린이제품을 판매하거나 판매를 목적으로 수입·진열 또는 보관을 한 경우

4. 제25조제8항을 위반하여 공급자적합성확인표시가 없는 공급자적합성확인대상어린이제품을 영업에 사용한 경우

5. 제26조제1항을 위반하여 거짓으로 공급자적합성확인표시를 한 경우

6. 제26조제2항을 위반하여 공급자적합성확인표시를 임의로 변경하거나 제거한 경우

④ 시·도지사는 사업자 또는 영업자가 제1항부터 제3항까지의 규정에 따른 판매중지등의 명령을 따르지 아니하는 경우에는 대통령령으로 정하는 바에 따라 해당 사업자 또는 영업자의 부담으로 소속 공무원으로 하여금 직접 수거하거나 파기하게 할 수 있다. 이 경우 수거하거나 파기하는 업무를 수행하는 공무원은 그 권한을 표시하는 증표 등을 관계인에게 보여주어야 한다.

⑤ 시·도지사는 제1항부터 제3항까지의 규정에 따른 판매중지등의 명령이나 제4항에 따른 수거·파기로는 그 위해를 방지하기가

어렵다고 인정하는 경우에는 대통령령으로 정하는 바에 따라 해당 사업자 또는 영업자에게 언론매체 등을 통한 위해사실의 공표와 해당 어린이제품의 교환·환불·수리, 그 밖에 필요한 사항을 이행할 것을 명할 수 있다.

제35조(자료제출 요구) 산업통상자원부장관은 어린이제품안전관리를 위하여 필요한 경우에는 산업통상자원부령으로 정하는 바에 따라 시·도지사에게 제34조제1항부터 제3항까지의 규정에 따른 판매중지 등에 관한 자료의 제출을 요청할 수 있다.

제36조(비밀유지의 의무 등) ① 다음 각 호의 어느 하나에 해당하거나 해당하였던 자는 직무상 알게 된 비밀을 타인에게 누설하거나 직무상 목적 외에 사용하여서는 아니 된다. 〈개정 2022. 2. 3.〉

1. 제14조제2항에 따라 지정된 법인 또는 단체의 임원이나 직원
2. 제15조제1항에 따라 지정된 안전인증기관의 임원이나 직원
3. 제22조제4항에 따라 지정된 시험·검사기관의 임원이나 직원
4. 제33조 및 제37조에 따른 위탁사무에 종사하는 자

② 이 법에 따른 직무에 종사하는 공무원은 제6조제1항, 제7조제1항, 제9조제3항, 제10조제2항, 제12조제1항·제2항·제4항·제5항, 제13조제1항 또는 제14조제1항·제2항, 제27조에 따른 조사, 보고, 검사, 신고 또는 제출된 자료나 제공된 정보 등으로 알게 된 내용을 이 법의 시행을 위한 목적이 아닌 용도로 사용하여서는 아니 된다.

제37조(권한·업무의 위임 및 위탁) ① 이 법에 따른 산업통상자원부장관의 권한은 그 일부를 대통령령으로 정하는 바에 따라 소속기

관의 장 또는 시·도지사에게 위임할 수 있다.

② 이 법에 따른 산업통상자원부장관의 업무는 그 일부를 대통령령으로 정하는 바에 따라 「제품안전기본법」에 따른 한국제품안전관리원 및 어린이제품안전 관련 업무를 수행하는 기관이나 단체에 위탁할 수 있다.

③ 시·도지사는 제1항에 따라 산업통상자원부장관으로부터 위임받은 권한의 일부를 산업통상자원부장관의 승인을 받아 시장·군수 또는 구청장에게 재위임할 수 있다.

④ 시·도지사는 제3항에 따라 재위임한 경우에는 이를 고시하여야 한다.

[전문개정 2022. 2. 3.]

제38조(벌칙 적용 시의 공무원 의제) 제36조제1항제1호부터 제4호까지의 규정에 해당하는 자는 「형법」 제129조부터 제132조까지의 규정을 적용할 때에는 공무원으로 본다.

제39조(수수료) 다음 각 호의 어느 하나에 해당하는 자는 산업통상자원부령으로 정하는 바에 따라 수수료를 내야 한다. 다만, 제37조에 따라 그 업무가 위탁된 경우에는 해당 수탁기관에 납부하여야 한다.

1. 제17조제1항에 따른 안전인증을 신청하는 자
2. 제17조제2항에 따른 안전인증의 변경을 신청하는 자
3. 제17조제6항 본문에 따른 정기검사를 받는 자
4. 제22조제1항에 따른 시험·검사를 받는 자
5. 제22조제1항에 따른 안전확인 신고(변경신고를 포함한다)를 하

는 자

제40조(청문) 산업통상자원부장관은 다음 각 호의 어느 하나에 해당하는 처분을 하려는 경우에는 청문을 하여야 한다. 〈개정 2022. 2. 3.〉

1. 제16조제1항에 따른 안전인증기관의 지정 취소
2. 제22조제10항에 따른 시험·검사기관의 지정 취소

제5장 벌칙

제41조(벌칙) ① 다음 각 호의 어느 하나에 해당하는 자는 3년 이하의 징역 또는 3천만원 이하의 벌금에 처한다. 〈개정 2022. 2. 3.〉

1. 제10조의 어린이제품의 수거등의 명령을 따르지 아니한 자
2. 거짓 또는 그 밖의 부정한 방법으로 제15조제1항에 따른 안전인증기관의 지정을 받은 자
3. 제15조제1항에 따라 안전인증기관으로 지정을 받지 아니하고 안전인증을 한 자
4. 제16조제1항에 따라 안전인증기관의 업무가 정지되어 그 기간 중에 있거나 그 지정이 취소되었음에도 안전인증을 한 자
5. 제17조제1항을 위반하여 안전인증을 받지 아니하고 안전인증대상어린이제품을 제조하거나 수입한 제조업자 또는 수입업자
6. 거짓 또는 그 밖의 부정한 방법으로 제17조제1항에 따른 안전인증을 받은 자
7. 제17조제3항을 위반하여 제품검사의 안전기준, 공장심사의 기준에 적합하지 아니함에도 안전인증을 한 자
8. 거짓 또는 그 밖의 부정한 방법으로 제18조제1항에 따른 안전

인증 면제를 받은 자

9. 제19조제3항을 위반하여 안전인증을 받지 아니한 안전인증대상어린이제품에 안전인증표시 또는 이와 유사한 표시를 한 자

10. 제19조제4항을 위반하여 안전인증표시를 임의로 변경하거나 제거한 자

11. 제21조제3항을 위반하여 안전인증을 취소한 날부터 1년 이내에 같은 모델의 안전인증대상어린이제품에 대하여 안전인증을 한 자

12. 제22조제1항에 따른 안전확인 신고를 하지 아니한 자

13. 거짓 또는 그 밖의 부정한 방법으로 제22조제1항에 따른 안전확인 신고를 한 자

14. 제22조제3항을 위반하여 안전확인대상어린이제품에 관한 안전기준에 적합하지 아니함에도 안전확인을 한 자

15. 거짓 또는 그 밖의 부정한 방법으로 제22조제4항에 따른 시험·검사기관 지정을 받거나 지정을 받지 아니하고 안전확인대상어린이제품을 시험·검사한 자

16. 거짓 또는 그 밖의 부정한 방법으로 제22조제8항에 따른 안전확인 신고 면제를 받은 자

17. 제22조제10항에 따라 시험·검사기관의 업무가 정지되어 그 기간 중에 있거나 그 지정이 취소되었음에도 시험·검사를 한 자

18. 제23조제3항을 위반하여 안전확인 신고를 하지 아니한 안전확인대상어린이제품에 안전확인표시 또는 이와 유사한 표시를 한 자

19. 제23조제4항을 위반하여 안전확인표시를 임의로 변경하거나

제거한 자

20. 제26조제1항을 위반하여 공급자적합성확인표시를 거짓으로 한 자

21. 제26조제2항을 위반하여 공급자적합성확인표시를 임의로 변경하거나 제거한 자

22. 제36조제2항을 위반하여 조사, 보고, 검사, 신고 또는 제출된 자료나 제공된 정보 등으로 알게 된 내용을 이 법의 시행을 위한 목적이 아닌 용도로 사용한 자

② 다음 각 호의 어느 하나에 해당하는 자는 1년 이하의 징역 또는 1천만원 이하의 벌금에 처한다.

1. 제13조제2항을 위반하여 피고용인에게 「공익신고자 보호법」 제2조제6호가목부터 사목까지 중 어느 하나에 해당하는 불이익조치를 한 자

2. 제13조제4항에 위반하여 산업통상자원부장관의 조치요구에 따르지 아니한 사업자

3. 제36조제1항을 위반하여 직무상 알게 된 비밀을 타인에게 누설하거나 직무상 목적 외에 사용한 자

제42조(양벌규정) 법인의 대표자나 법인 또는 개인의 대리인, 사용인, 그 밖의 종업원이 그 법인 또는 개인의 업무에 관하여 제41조의 위반행위를 하면 그 행위자를 벌하는 외에 그 법인 또는 개인에게도 해당 조문의 벌금형을 과(科)한다. 다만, 법인 또는 개인이 그 위반행위를 방지하기 위하여 해당 업무에 관하여 상당한 주의와 감독을 게을리하지 아니한 경우에는 그러하지 아니하다.

제43조(과태료) ① 제14조제1항에 따른 자료의 제출 또는 제27조에 따른 정보의 제공을 요청받았음에도 특별한 사유 없이 자료를 제출하지 아니하거나 정보를 제공하지 아니한 자에게는 2천만원 이하의 과태료를 부과한다.

② 다음 각 호의 어느 하나에 해당하는 자에게는 1천만원 이하의 과태료를 부과한다.

1. 제7조제1항에 따른 자료의 제출 또는 보고를 하지 아니하거나 거짓으로 제출 또는 보고한 자
2. 제7조제1항에 따른 수거, 검사 또는 질문을 거부·방해 또는 기피한 자
3. 제17조제6항에 따른 정기검사 또는 수시검사를 거부·방해 또는 기피한 자
4. 제20조제1항을 위반하여 안전인증표시가 없는 안전인증대상어린이제품을 판매하거나 판매를 목적으로 수입·진열 또는 보관한 자
5. 제24조제1항을 위반하여 안전확인표시가 없는 안전확인대상어린이제품을 판매하거나 판매를 목적으로 수입·진열 또는 보관한 자
6. 제25조제7항을 위반하여 공급자적합성확인표시가 없는 어린이제품을 판매하거나 판매를 목적으로 수입·진열 또는 보관한 자
7. 거짓 또는 그 밖의 부정한 방법으로 제32조제1항에 따른 안전친화기업으로 지정을 받은 자
8. 제32조제4항에 따라 안전친화기업 지정이 정지되어 그 기간 중에 있거나 그 지정이 취소되었음에도 안전친화기업의 로고를 표시하거나 광고에 사용한 자

9. 제34조제1항부터 제3항까지의 규정에 따른 판매중지등의 명령을 이행하지 아니한 자

10. 제34조제4항 전단에 따른 수거 또는 파기를 거부하거나 방해한 자

11. 제34조제5항에 따른 위해 사실의 공표, 해당 어린이제품의 교환·환불·수리 등의 명령을 이행하지 아니한 자

③ 다음 각 호의 어느 하나에 해당하는 자에게는 500만원 이하의 과태료를 부과한다. 〈개정 2022. 2. 3.〉

1. 제9조제3항에 따른 어린이제품의 수거등의 권고 조치 또는 제10조제2항에 따른 어린이제품의 수거등의 명령 조치의 결과 등의 사항을 보고하지 아니한 자

2. 제12조제1항을 위반하여 해당 어린이제품의 명칭·상표·모델명·사고내용, 제조·수입수량 및 판매수량 등을 보고하지 아니한 자

3. 제12조제2항을 위반하여 자발적인 수거등의 조치를 보고하지 아니한 자

4. 제12조제3항을 위반하여 정당한 사유 없이 산업통자원부장관의 보완요청을 거부하는 자

5. 제12조제4항을 위반하여 자발적인 수거등의 조치를 한 후 이를 보고하지 아니한 자

6. 제12조제5항을 위반하여 사업자가 외국에서 또는 외국의 다른 사업자가 해당 조치를 한 사실을 보고하지 아니한 자

7. 제17조제2항에 따른 안전인증의 변경 신청을 하지 아니한 자

8. 제17조제5항을 위반하여 안전인증을 한 기록을 작성·보관하지 아니하거나 거짓으로 작성·보관한 자

9. 제17조제7항을 위반하여 안전인증을 받은 후 제조되는 안전인증대상어린이제품에 대하여 자체검사를 하지 아니한 자

10. 제17조제8항을 위반하여 안전인증대상어린이제품에 대한 서류를 작성·보관하지 아니하거나 거짓으로 작성·보관한 자

11. 제19조제1항 본문을 위반하여 안전인증을 받은 안전인증대상어린이제품에 안전인증표시를 하지 아니한 자

12. 제19조제5항을 위반하여 같은 조 제1항의 안전인증표시와 별도로 안전인증대상어린이제품에 어린이의 생명·신체에 미치는 영향에 관하여 주의 또는 경고의 표시를 하지 아니한 자

13. 제20조제2항을 위반하여 안전인증표시가 없는 안전인증대상어린이제품을 영업에 사용한 자

14. 제22조제1항에 따른 안전확인 변경신고를 하지 아니한 자

15. 제22조제6항을 위반하여 안전확인대상어린이제품의 안전기준에 적합하다는 사실을 증명하는 서류를 갖추어 두지 아니한 자

16. 제22조제12항을 위반하여 안전확인을 한 기록을 작성·보관하지 아니한 시험·검사기관

17. 제23조제1항 본문을 위반하여 신고한 안전확인대상어린이제품에 안전확인표시를 하지 아니한 자

18. 제23조제5항을 위반하여 같은 조 제1항의 안전확인표시와 별도로 안전확인대상어린이제품이 어린이의 생명·신체에 미치는 영향에 관하여 주의 또는 경고의 표시를 하지 아니한 자

19. 제24조제2항을 위반하여 안전확인표시가 없는 안전확인대상어린이제품을 영업에 사용한 자

20. 제25조제1항을 위반하여 공급자적합성확인대상어린이제품에 공급자적합성확인표시를 하지 아니한 자

21. 제25조제5항을 위반하여 같은 조 제1항의 공급자적합성확인표시와 별도로 공급자적합성확인대상어린이제품에 어린이의 생명·신체에 미치는 영향에 관하여 주의 또는 경고의 표시를 하지 아니한 자

22. 제25조제6항을 위반하여 공급자적합성확인대상어린이제품의 안전기준에 적합하다는 사실을 증명하는 서류를 갖추어 두지 아니한 자

23. 제25조제8항을 위반하여 공급자적합성확인표시가 없는 공급자적합성확인대상어린이제품을 영업에 사용한 자

24. 제29조를 위반하여 해당 안전관리대상어린이제품을 사용할 수 있는 연령기준에 맞지 아니하는 어린이에게 해당 안전관리대상어린이제품을 판매한 자

25. 제30조를 위반하여 안전인증, 안전확인 및 공급자적합성확인의 표시 등이 없는 안전관리대상어린이제품의 판매를 중개하거나 구매 또는 수입을 대행한 자

④ 제1항부터 제3항까지의 규정에 따른 과태료는 산업통상자원부령으로 정하는 바에 따라 산업통상자원부장관 또는 시·도지사가 부과·징수한다.

부칙 〈제12733호, 2014. 6. 3.〉

제1조(시행일) 이 법은 공포 후 1년이 경과한 날부터 시행한다.

제2조(다른 법률의 개정) ① 어린이놀이시설 안전관리법 일부를 다음과 같이 개정한다. 〈개정 2014. 11. 19.〉

제2조제1호를 다음과 같이 한다.

1. "어린이놀이기구"란 만 10세 이하의 어린이가 놀이를 위하여 사용할 수 있도록 제조된 그네, 미끄럼틀, 공중놀이기구, 회전놀이기구 등으로서 「어린이제품 안전 특별법」 제2조제9호에 따른 안전인증대상어린이제품을 말한다.

제11조를 다음과 같이 한다.

제11조(어린이놀이시설의 설치) 어린이놀이시설을 설치하는 자(이하 "설치자"라 한다)는 「어린이제품 안전 특별법」 제17조에 따라 안전인증을 받은 어린이놀이기구를 국민안전처장관이 고시하는 시설기준 및 기술기준에 적합하게 설치하여야 한다.

② 품질경영 및 공산품안전관리법 일부를 다음과 같이 개정한다. 〈개정 2014. 11. 19.〉

제11조제1항 및 제2항을 각각 다음과 같이 한다.

① 공산품 및 「어린이제품 안전 특별법」 제2조제1호에 따른 어린이제품(이하 이 조에서 "어린이제품"이라 한다) 안전관리에 관한 다음 각 호의 사항을 심의하기 위하여 산업통상자원부에 공산품안전심의위원회(이하 "위원회"라 한다)를 둔다.

1. 안전관리대상공산품 및 「어린이제품 안전 특별법」에 따른 안전관리대상어린이제품의 지정 및 지정의 변경에 관한 사항

2. 안전관리대상공산품 및 「어린이제품 안전 특별법」에 따른 안전관리대상어린이제품의 시험·검사를 위한 관련 기준 제정 및 개정 등에 관한 사항

3. 이 법에 위반된 공산품 및 「어린이제품 안전 특별법」에 위반된 어린이제품에 관한 처분·조치 등과 관련하여 산업통상자원부장관이 심의를 요청하는 사항

4. 어린이제품의 안전관리에 관한 「어린이제품 안전 특별법」에 따른 기본계획에 관한 사항

5. 어린이안전에 영향을 미칠 수 있는 어린이제품에 대한 안전성조사에 관한 사항

6. 어린이제품의 안전관리를 위한 주요 정책에 관한 사항

7. 어린이제품으로 인한 사고에 대한 종합 대응방안에 관한 사항

8. 그 밖에 공산품 및 어린이제품의 안전을 확보하기 위하여 대통령령으로 정하는 사항

② 위원회는 위원장 1명을 포함한 25명 이내의 위원으로 구성하고, 위원장은 위원 중에서 호선하며, 위원은 다음 각 호의 사람으로 한다.

1. 기획재정부, 교육부, 법무부, 산업통상자원부, 보건복지부, 환경부, 여성가족부, 국민안전처, 공정거래위원회, 식품의약품안전처, 그 밖에 대통령령으로 정하는 관계 중앙행정기관에서 소비자 안전 관련 업무를 수행하는 3급 또는 3급 상당 이상의 공무원 중에서 소속 기관의 장이 지명하는 사람

2. 「소비자기본법」 제33조에 따른 한국소비자원에서 소비자 안전 관련 업무를 담당하는 소속 직원 중에서 한국소비자원 원장이 지명하는 사람

3. 「비영리민간단체지원법」 제2조에 따른 비영리민간단체 중 공산품 안전 관련 시민단체가 추천한 사람 중에서 산업통상자원부장관이 위촉하는 사람

4. 그 밖에 공산품안전관리에 관한 학식과 경험이 풍부한 사람 중에서 산업통상자원부장관이 위촉하는 사람

부칙 〈제12844호, 2014. 11. 19.〉 (정부조직법)

제1조(시행일) 이 법은 공포한 날부터 시행한다. 다만, 부칙 제6조에 따라 개정되는 법률 중 이 법 시행 전에 공포되었으나 시행일이 도래하지 아니한 법률을 개정한 부분은 각각 해당 법률의 시행일부터 시행한다.

제2조 부터 제5조까지 생략

제6조(다른 법률의 개정) ①부터 〈182〉까지 생략

〈183〉 법률 제12733호 어린이제품 안전 특별법 일부를 다음과 같이 개정한다.

법률 제12733호 어린이제품 안전 특별법 부칙 제2조제1항 중 "안전행정부장관"을 "국민안전처장관"으로 하고, 같은 법 부칙 제2조제2항 중 "교육부, 법무부, 안전행정부, 산업통상자원부, 보건복지부, 환경부, 여성가족부"를 "교육부, 법무부, 산업통상자원부, 보건복지부, 환경부, 여성가족부, 국민안전처"로 한다.

〈184〉부터 〈258〉까지 생략

제7조 생략

부칙 〈제13851호, 2016. 1. 27.〉

제1조(시행일) 이 법은 공포한 날부터 시행한다.

제2조(통신판매중개자에 대한 경과조치) 이 법 시행 당시 제30조의 개정규정에 따라 어린이제품의 판매를 중개하는 통신판매중개자는 같은 개정규정에도 불구하고 이 법 시행 후 3개월이 경과하기 전까지 같은 개정규정에 따른 기술적 조치를 완료하여야 한다.

부칙 〈제13859호, 2016. 1. 27.〉 (전기용품 및 생활용품 안전관리법)

제1조(시행일) 이 법은 공포 후 1년이 경과한 날부터 시행한다.

제2조 부터 제17조까지 생략

제18조(다른 법률의 개정) ① 및 ② 생략

③ 어린이제품 안전 특별법 일부를 다음과 같이 개정한다.

제5조제1항 중 "「품질경영 및 공산품안전관리법」 제11조에 따른 공산품안전심의위원회의 심의를"을 "「전기용품 및 생활용품 안전관리법」 제3조에 따른 제품안전심의위원회의 심의를"로 한다.

④부터 ⑥까지 생략

제19조 생략

부칙 〈제18819호, 2022. 2. 3.〉

제1조(시행일) 이 법은 공포 후 6개월이 경과한 날부터 시행한다.

제2조(안전확인 신고의 효력상실 처분 등에 관한 적용례) 제24조의2의 개정규정은 이 법 시행 후 최초로 제22조제1항 전단에 따른 안전확인 신고를 하는 경우부터 적용한다.

부칙 〈제20357호, 2024. 2. 27.〉 (관광진흥법)

제1조(시행일) 이 법은 공포 후 1년 6개월이 경과한 날부터 시행한다. 〈단서 생략〉

제2조 생략

제3조(다른 법률의 개정) ①부터 ⑧까지 생략

⑨ 어린이제품 안전 특별법 일부를 다음과 같이 개정한다.

제2조제1호마목 중 "유기시설(遊技施設) 또는 유기기구(遊技機具)"를 "테마파크시설"로 한다.

⑩부터 ⑮까지 생략

어린이제품 안전 특별법 시행령
(약칭 : 어린이제품법 시행령)

[시행 2022. 8. 4.] [대통령령 제32839호, 2022. 8. 2., 일부개정]

**개정 예정 법률 밑줄 별도 표시.

어린이제품 안전 특별법 시행령
(약칭 : 어린이제품법 시행령)

[시행 2022. 8. 4.] [대통령령 제32839호, 2022. 8. 2., 일부개정]

제1조(목적) 이 영은 「어린이제품 안전 특별법」에서 위임된 사항과 그 시행에 필요한 사항을 규정함을 목적으로 한다.

제2조(기본계획의 수립 및 시행) ① 산업통상자원부장관은 「어린이제품 안전 특별법」(이하 "법"이라 한다) 제5조제1항에 따른 어린이제품의 안전관리에 관한 기본계획(이하 "기본계획"이라 한다)을 수립하기 위하여 필요한 경우에는 특별시장 · 광역시장 · 특별자치시장 · 도지사 · 특별자치도지사(이하 "시 · 도지사"라 한다)에게 관련 자료의 제출을 요청할 수 있다.

② 산업통상자원부장관은 기본계획을 수립한 후 중앙행정기관의 장과 시 · 도지사에게 통보하여야 한다.

제3조(안전성조사 결과 등에 관한 공표) ① 산업통상자원부장관은 법 제8조제1항에 따라 다음 각 호의 사항을 「신문 등의 진흥에 관한 법률」 제2조제1호에 따른 신문, 「방송법」 제2조제1호에 따른 방송 또는 「제품안전기본법」 제16조에 따른 제품안전정보망 등을 통하여 공표할 수 있다.

1. 해당 어린이제품의 제품명, 상표, 모델명 및 제품 사진

2. 법 제17조에 따른 안전인증 시 발급한 번호 또는 법 제22조에 따른 안전확인 신고 시 발급한 번호(이하 "안전인증번호등"이라 한다)

3. 해당 어린이제품의 제조 국가

4. 사업자명, 사업자의 주소 및 연락처

5. 안전성조사 결과의 내용

② 법 제8조제2항에서 "대통령령으로 정하는 공공기관"이란 다음 각 호의 공공기관을 말한다. 〈개정 2016. 11. 29.〉

1. 「소비자기본법」 제33조에 따른 한국소비자원

2. 「한국환경공단법」에 따른 한국환경공단

3. 「한국환경산업기술원법」에 따른 한국환경산업기술원

4. 그 밖에 어린이제품의 안전성에 관한 조사를 수행하는 공공기관으로서 산업통상자원부장관이 관계 행정기관의 장과 협의하여 고시하는 기관

③ 중앙행정기관의 장, 시·도지사, 시장·군수·구청장(자치구의 구청장을 말한다. 이하 같다) 또는 제2항에 따른 공공기관의 장이 법 제8조제2항에 따라 어린이제품의 위해 여부가 의심되는 경우로서 그 사실을 공표하려는 경우에는 공표 예정일 5일 전까지 산업통상자원부장관에게 알려야 한다. 다만, 어린이의 생명·신체에 끼치는 위해와 그 확산을 방지하기 위하여 중앙행정기관의 장, 시·도지사, 시장·군수·구청장 또는 제2항에 따른 공공기관의 장이 긴급하다고 인정하는 경우에는 산업통상자원부장관에게 알리고 즉시 공표할 수 있다.

④ 제3항에 따라 공표하려는 경우 공표방법 및 공표사항에 관하여는 제1항을 준용한다. 이 경우 제1항제5호의 "안전성조사 결과의 내용"은 "어린이제품의 위해 여부가 의심되는 사실"로 본다.

제4조(수거등의 권고 절차) ① 산업통상자원부장관은 법 제9조제1항에 따라 해당 사업자에게 수거·파기·수리·교환·환급·개선조치 또는 제조·유통의 금지, 그 밖에 필요한 조치(이하 "수거등"이라 한다)를 권고하려는 경우에는 다음 각 호의 사항을 구체적으로 적은 서면(전자문서를 포함한다)으로 하여야 한다.

1. 해당 어린이제품의 제품명, 모델명 및 안전인증번호등
2. 사업자명, 사업자의 주소 및 연락처
3. 권고의 사유와 내용
4. 권고 수락 여부의 통지 기한
5. 권고 수락 거부 시 조치계획
6. 그 밖에 산업통상자원부장관이 수거등을 위하여 필요하다고 인정하는 사항

② 제1항에 따라 수거등을 권고받은 사업자는 제1항제4호에 따른 통지 기한 내에 산업통상자원부장관에게 다음 각 호의 사항을 서면(전자문서를 포함한다)으로 통지하여야 한다.

1. 해당 어린이제품의 제품명, 모델명 및 안전인증번호등
2. 권고의 수락 여부
3. 수거등의 시기와 방법 등 조치계획
4. 권고의 수락을 거부하는 경우에는 그 사유

제5조(권고 불이행에 따른 공표의 방법 등) 산업통상자원부장관은

법 제9조제2항에 따라 다음 각 호의 사항을 「신문 등의 진흥에 관한 법률」 제2조제1호에 따른 신문, 「방송법」 제2조제1호에 따른 방송 또는 「제품안전기본법」 제16조에 따른 제품안전정보망 등을 통하여 공표할 수 있다.

1. 해당 어린이제품의 제품명, 상표, 모델명, 제품 사진 및 안전인증번호등

2. 사업자명, 사업자의 주소 및 연락처

3. 권고의 사유와 내용

제6조(제품 수거등의 결과보고 등) ① 법 제9조제3항에서 "권고에 따라 조치를 한 경우 그 결과 등 대통령령으로 정하는 사항"이란 다음 각 호의 사항을 말한다.

1. 수거등의 내용과 실적 등 조치 결과

2. 수거등을 이행하지 못한 어린이제품에 대한 조치계획

3. 위해의 재발 방지를 위한 대책

② 법 제9조제3항에 따른 보고를 하려는 자는 산업통상자원부령으로 정하는 보고서(전자문서를 포함한다)를 산업통상자원부장관에게 제출하여야 한다.

제7조(수거등의 명령 절차) ① 산업통상자원부장관은 법 제10조제1항에 따라 제품의 수거등을 명령하는 경우에는 다음 각 호의 사항이 포함된 문서(전자문서를 포함한다)로 하여야 한다.

1. 해당 어린이제품의 제품명, 모델명 및 안전인증번호등

2. 사업자명, 사업자의 주소 및 연락처

3. 수거등 명령의 사유와 내용

4. 수거등의 시기와 방법

5. 그 밖에 산업통상자원부장관이 수거등의 명령에 필요하다고 인정하는 사항

② 법 제10조제1항에 따른 공표방법 및 공표사항에 관하여는 제5조를 준용한다. 이 경우 "권고"는 "명령"으로 본다.

제8조(중대한 결함의 범위) 법 제10조제1항제3호에서 "대통령령으로 정하는 중대한 결함"이란 다음 각 호의 어느 하나에 해당하는 결함을 말한다.

1. 어린이제품의 제조, 유통 또는 사용과 관련하여 통상적으로 기대할 수 있는 안전성이 결여되어 어린이에게 다음 각 목의 어느 하나에 해당하는 위해를 끼치거나 끼칠 우려가 있는 결함

가. 사망

나. 「의료법」 제3조제2항에 따른 의료기관에서 4주 이상의 치료가 필요한 신체적 부상이나 질병

2. 화재를 일으키거나 일으킬 우려가 있는 결함

제9조(보고 사항) ① 법 제10조제2항에서 "명령에 따라 조치한 경우 그 결과 등 대통령령으로 정하는 사항"이란 제6조제1항 각 호의 사항을 말한다.

② 법 제10조제2항에 따른 보고를 하려는 자는 산업통상자원부령으로 정하는 보고서(전자문서를 포함한다)를 산업통상자원부장관에게 제출하여야 한다.

제10조(직접 수거등 조치) 법 제10조제3항에 따른 직접 수거등에 필요한 조치 및 비용 징수에 관하여는 「행정대집행법」을 따른다.

제11조(권고 등의 해제 신청 등 절차) ① 법 제11조제1항에 따라 수거등을 권고받거나 명령받은 사업자 또는 해당 수거등의 권고 또는 명령에 이해관계를 가진 사업자가 권고 또는 명령에 불복하는 경우에는 산업통상자원부령으로 정하는 수거등의 권고ㆍ명령 해제신청서(전자문서를 포함한다)를 산업통상자원부장관에게 제출하여야 한다.

② 산업통상자원부장관은 법 제11조제2항 본문에 따라 수거등의 권고ㆍ명령의 전부 또는 일부의 해제 여부를 결정하였을 때에는 해제 신청을 한 신청인에게 즉시 알려야 한다. 이 경우 법 제9조제2항 또는 제10조제1항에 따라 공표를 하였을 때에는 공표한 방법과 같은 방법으로 해제 사실을 공표하여야 한다.

③ 산업통상자원부장관은 법 제11조제2항 단서에 따라 해제 여부 결정기간을 연장하려는 경우에는 연장 사유와 연장 기간 등을 구체적으로 적은 서면으로 신청인에게 통지하여야 한다.

제12조(중대한 사고의 범위 등) ① 법 제12조제1항제2호에서 "중상 또는 사망 등 대통령령으로 정하는 중대한 사고"란 다음 각 호의 어느 하나에 해당하는 사고를 말한다.

1. 사망

2. 「의료법」 제3조제2항에 따른 의료기관에서 4주 이상의 치료가 필요한 신체적 부상이나 질병

3. 화재

② 법 제12조제1항제3호에서 "대통령령으로 정하는 중대한 결함"이란 제8조 각 호의 어느 하나에 해당하는 결함을 말한다.

제13조(어린이제품 자발적 수거등의 방법 등) ① 법 제12조제2항에 따른 보고에는 다음 각 호의 사항이 포함되어야 한다.

1. 해당 어린이제품의 제품명, 모델명 및 안전인증번호등

2. 해당 어린이제품의 제조연월(수입제품의 경우에는 수입연월을 포함한다)

② 사업자는 법 제12조제2항에 따른 수거등을 하려는 경우에는 위해 또는 재산상 피해를 끼치거나 끼칠 우려가 있다는 사실을 알게 된 날부터 10일 이내에 산업통상자원부령으로 정하는 수거등 계획서(전자문서를 포함한다)를 산업통상자원부장관에게 제출하여야 한다.

③ 법 제12조제4항에서 “수거등의 조치를 한 후 그 결과 등 대통령령으로 정하는 사항”이란 다음 각 호의 사항을 말한다.

1. 수거등의 내용과 실적 등 조치결과

2. 수거등을 이행하지 못한 제품에 대한 조치계획

3. 위해 또는 재산상 피해의 방지를 위한 대책

④ 법 제12조제4항에 따른 보고를 하려는 자는 산업통상자원부령으로 정하는 보고서(전자문서를 포함한다)를 산업통상자원부장관에게 제출하여야 한다.

⑤ 법 제12조제5항 본문에 따른 보고를 하려는 자는 산업통상자원부령으로 정하는 보고서(전자문서를 포함한다)를 산업통상자원부장관에게 제출하여야 한다.

제14조(안전인증기관의 지정기준) 법 제15조제2항에서 “안전인증을 하기 위하여 필요한 시험 · 검사 설비 및 심사 인력 등 대통령령으로

정하는 기준"이란 다음 각 호의 기준을 말한다.

1. 공산품안전관리를 주된 업무로 하는 비영리법인 또는 비영리단체로서 어린이제품 안전을 전담하는 부서가 있을 것

2. 안전인증을 위한 조직·인원 및 업무 수행 체계가 국제표준화기구(ISO)에서 정한 국제규격의 제품인증기관에 대한 일반 요구사항을 충족할 것

3. 「국가표준기본법」 제23조에 따른 시험·검사기관으로 인정받을 것

4. 안전인증대상어린이제품의 2분의 1 이상에 대하여 법 제17조제3항에 따른 제품검사의 안전기준을 시험할 수 있는 설비를 보유할 것

5. 국제표준화기구의 인증 관련 국제규격에 따른 인증심사원의 자격 또는 「산업표준화법」 제18조에 따른 인증심사원의 자격을 갖춘 사람으로서 인증심사 업무를 수행하는 자를 2명 이상 확보할 것

6. 「국가표준기본법」 제23조에 따라 인정받은 시험·검사기관에서의 시험·검사경력이 5년 이상인 자로서 시험·검사 업무를 수행하는 자를 2명 이상 확보할 것

7. 사업자로부터 재정적인 지원을 받지 아니하는 등 그 인증 활동과 관련하여 독립성을 확보할 것

제15조(어린이제품 관련 시장감시업무의 수행과 안전정보의 제공 요청 등) ① 산업통상자원부장관은 법 제27조제1항에 따라 어린이제품 안전사고와 관련 있는 제품의 조사·감정 등의 업무를 수행하기 위하여 필요한 경우에는 다음 각 호의 기관 또는 단체에 시험·분석

업무를 의뢰할 수 있다. 이 경우 의뢰받는 기관 또는 단체는 해당 안전사고와 관련하여 전문성이 있고, 사업자로부터 재정적인 지원을 받지 아니하는 등 시험·분석 등의 업무 수행에 관하여 독립성을 확보한 기관이어야 한다.

1. 「국가표준기본법」 제23조에 따른 시험·검사기관

2. 그 밖에 산업통상자원부장관이 어린이제품 안전사고의 조사·감정 등의 업무에 전문성이 있다고 인정하는 기관

② 산업통상자원부장관은 제1항에 따라 의뢰하려는 경우 의뢰받는 기관 및 의뢰 내용을 공고하여야 한다.

③ 법 제27조제2항 각 호 외의 부분 전단에서 "대통령령으로 정하는 어린이제품 안전에 관한 정보"란 다음 각 호의 정보를 말한다.

1. 어린이제품과 관련된 법령 위반 사례에 관한 정보

2. 어린이제품의 안전성조사 및 시험검사 분석에 관한 정보

3. 어린이제품의 유통량 및 유통경로에 관한 정보

4. 어린이제품으로 인하여 발생한 어린이의 생명·신체에 대한 위해 또는 재산상 피해에 관한 정보

5. 그 밖에 산업통상자원부장관이 어린이제품의 안전관리에 필요하다고 인정하여 고시하는 정보

④ 법 제27조제2항제2호에서 "대통령령이 정하는 공공단체"란 「소비자기본법」 제29조에 따라 공정거래위원회 또는 지방자치단체에 등록한 소비자단체를 말한다.

⑤ 법 제27조제2항제3호에서 "대통령령으로 정하는 기관"이란 다음 각 호의 어느 하나에 해당하는 기관을 말한다. 〈개정 2022. 8. 2.〉

1. 법 제15조제3항에 따른 안전인증기관

2. 법 제22조제4항에 따른 시험·검사기관

3. 「과학기술분야 정부출연연구기관 등의 설립·운영 및 육성에 관한 법률」 제2조에 따른 과학기술분야 정부출연연구기관

4. 「고등교육법」 제2조에 따른 학교(어린이제품 안전에 관련된 학과 또는 연구소가 설치되어 있는 학교로 한정한다)

⑥ 법 제27조제2항제4호에서 "대통령령으로 정하는 자"란 다음 각 호의 어느 하나에 해당하는 자를 말한다.

1. 「의료법」 제3조제2항제3호에 따른 병원급 의료기관(요양병원은 제외한다)

2. 「보험업법」 제2조제6호에 따른 보험회사

제16조(안전친화기업 지정업무의 위탁) 법 제33조 전단에서 "대통령령으로 정하는 기관 또는 단체"란 「제품안전기본법」 제21조의2제1항에 따른 한국제품안전관리원을 말한다. 〈개정 2018. 9. 18.〉

제17조(판매중지등 명령의 기준 등) ① 법 제34조제1항부터 제3항까지의 규정에 따른 안전관리대상어린이제품의 판매중지·개선·수거 또는 파기(이하 "판매중지등"이라 한다) 명령의 기준은 다음 각 호와 같다.

1. 다음 각 목의 어느 하나에 해당하는 경우: 판매중지 및 1개월 이내의 기간을 정하여 개선을 명하고, 판매를 중지하지 아니하거나 개선명령을 이행하지 아니하는 경우에는 2개월 이내의 기간을 정하여 수거 또는 파기를 명한다.

가. 법 제34조제1항제1호 또는 제2호에 해당하는 경우

나. 법 제34조제2항제1호 또는 제2호에 해당하는 경우

다. 법 제34조제3항제1호 또는 제2호에 해당하는 경우

2. 다음 각 목의 어느 하나에 해당하는 경우: 1개월 이내의 기간을 정하여 개선을 명한다.

가. 법 제34조제1항제3호에 해당하는 경우

나. 법 제34조제2항제3호에 해당하는 경우

3. 다음 각 목의 어느 하나에 해당하는 경우: 판매중지를 명하고, 2개월 이내의 기간을 정하여 수거 또는 파기를 명한다.

가. 법 제34조제1항제4호부터 제7호까지의 어느 하나에 해당하는 경우

나. 법 제34조제2항제4호부터 제7호까지의 어느 하나에 해당하는 경우

다. 법 제34조제3항제3호부터 제6호까지의 어느 하나에 해당하는 경우

② 판매중지등의 명령은 다음 각 호의 사항이 포함된 문서로 하여야 한다.

1. 해당 어린이제품의 제품명, 모델명 및 안전인증번호등

2. 사업자명 및 대표자의 성명(영업자의 경우 영업자명 및 대표자의 성명을 말한다)

3. 명령의 사유와 내용

4. 이행기간

5. 그 밖에 시·도지사가 어린이제품 안전관리에 필요하다고 인정하는 사항

③ 시 · 도지사는 법 제34조제4항에 따라 해당 어린이제품을 직접 수거하거나 파기하려는 경우에는 사업자 또는 영업자를 현장에 참석하게 하여 그 어린이제품의 수거 또는 파기 사실을 확인하게 하여야 한다. 다만, 사업자 또는 영업자가 이에 따르지 아니하거나 그 소재를 알 수 없는 경우에는 그러하지 아니하다.

④ 시 · 도지사는 법 제34조제5항에 따른 명령을 하려는 경우에는 다음 각 호의 사항이 포함된 문서로 하여야 한다.

1. 해당 어린이제품의 제품명, 모델명 및 안전인증번호등
2. 사업자명 및 대표자의 성명(영업자의 경우 영업자명 및 대표자의 성명을 말한다)
3. 명령의 사유와 내용
4. 이행기간
5. 위해 사실의 공표 방법
6. 그 밖에 시 · 도지사가 필요하다고 인정하는 사항

⑤ 제4항에 따른 명령을 받은 자는 산업통상자원부령으로 정하는 바에 따라 그 이행계획서를 시 · 도지사에게 제출하고, 이행을 마친 경우에는 그 결과를 시 · 도지사에게 보고하여야 한다.

제18조(위임 · 위탁) ① 산업통상자원부장관은 법 제37조제1항에 따라 다음 각 호의 권한을 국가기술표준원장에게 위임한다. 〈개정 2022. 8. 2.〉

1. 법 제6조제1항에 따른 안전성조사
2. 법 제6조제2항에 따른 위해성평가 결과의 안전관리대상어린이제품 안전기준에의 반영

3. 법 제6조제3항에 따른 안전성조사 결과의 보관 및 열람

4. 법 제7조제1항에 따른 보고, 자료제출의 명령, 제조시설이나 사업장의 출입, 제품수거 · 검사 및 질문

5. 법 제8조제1항에 따른 안전성조사 결과에 관한 공표

6. 법 제9조제1항에 따른 수거등의 권고

7. 법 제9조제2항에 따른 공표

8. 법 제9조제3항에 따른 조치결과 보고의 접수

9. 법 제10조제1항에 따른 수거등의 명령 및 공표

10. 법 제10조제2항에 따른 조치결과 보고의 접수

11. 법 제10조제3항에 따른 직접 수거 및 수거비용 징수

12. 법 제11조에 따른 해제 신청의 접수 및 해제 여부의 결정

13. 법 제12조에 따른 보고 사항의 접수 및 조치계획의 보완 요청

14. 법 제13조에 따른 내부자신고의 접수 및 조치 요구

15. 법 제14조제1항에 따른 자료제출의 요청

16. 법 제14조제2항에 따른 사고조사기관의 지정

17. 법 제15조제1항에 따른 안전인증기관의 지정

18. 법 제15조제3항에 따른 안전인증기관에 대한 지원

19. 법 제16조제1항에 따른 안전인증기관의 지정 취소 및 업무정지

20. 법 제22조제4항에 따른 시험 · 검사기관의 지정 및 공고

21. 법 제22조제10항에 따른 시험 · 검사기관의 지정 취소 및 업무정지

22. 법 제22조제11항에 따른 시험 · 검사기관의 지도 · 점검

23. 법 제27조제1항에 따른 시험 · 분석

24. 법 제27조제2항에 따른 정보제공의 요청

25. 법 제28조에 따른 안전정보의 수집 · 관리

26. 법 제31조에 따른 안전성이 확인된 어린이제품의 장려와 지원

27. 법 제35조에 따른 자료제출의 요청

28. 법 제32조에 따른 어린이제품 안전친화기업의 지정, 취소 및 시정명령

29. 법 제40조에 따른 청문

30. 법 제43조제1항, 같은 조 제2항제1호 · 제2호 · 제7호 · 제8호, 같은 조 제3항제1호부터 제6호까지, 제14호 · 제18호 · 제21호에 따른 과태료의 부과 · 징수

② 산업통상자원부장관은 법 제37조제2항에 따라 다음 각 호의 업무를 법 제15조제3항에 따른 안전인증기관에 위탁한다. 〈개정 2022. 8. 2.〉

1. 법 제18조제1항제3호에 따라 외국의 안전인증기관에서 받은 안전인증 서류의 확인

2. 법 제18조제1항제4호에 따른 「산업표준화법」 제15조에 따라 인증받은 서류의 확인

3. 법 제22조제1항에 따른 안전확인대상어린이제품의 신고(변경신고를 포함한다)의 접수

4. 법 제22조제8항제3호에 따른 「산업표준화법」 제15조에 따라 인증받은 서류의 확인

5. 법 제22조제8항제4호에 따른 시험 · 검사기관이 상호인정계약을 체결한 국내외의 기관에서 시험 · 검사를 받아 적합한 것임을 인

정받은 사항의 확인

③ 산업통상자원부장관은 법 제37조제2항에 따라 다음 각 호의 업무를 「제품안전기본법」 제21조의2제1항에 따른 한국제품안전관리원에 위탁한다. 〈개정 2018. 9. 18., 2022. 8. 2.〉

1. 법 제18조제1항제1호에 따라 연구·개발·수출을 목적으로 제조하거나 수입하는지에 관한 사실의 확인

2. 법 제18조제1항제2호에 따라 전시회나 박람회에 출품할 목적으로 제조하거나 수입하는지에 관한 사실의 확인

3. 법 제22조제8항제1호에 따라 연구·개발·수출을 목적으로 제조하거나 수입하는지에 관한 사실의 확인

4. 법 제22조제8항제2호에 따라 전시회나 박람회에 출품할 목적으로 제조하거나 수입하는지에 관한 사실의 확인

5. 법 제32조에 따른 어린이제품 안전친화기업 신청 서류의 접수 및 사실의 확인

부칙 〈제26295호, 2015. 6. 1.〉

제1조(시행일) 이 영은 2015년 6월 4일부터 시행한다.

제2조(다른 법령의 개정) ① 환경보건법 시행령 일부를 다음과 같이 개정한다.

제16조제2항제2호를 다음과 같이 한다.

2. 「어린이제품 안전 특별법」 제17조제3항에 따른 기준

제19조의2제1항제1호부터 제3호까지를 각각 다음과 같이 한다.

1. 「어린이제품 안전 특별법」 제17조에 따라 안전인증을 받은

어린이제품

2. 「어린이제품 안전 특별법」 제22조제1항에 따라 안전확인 신고를 한 어린이제품

3. 「어린이제품 안전 특별법」 제25조제1항에 따라 공급자적합성확인을 한 어린이제품

② 어린이놀이시설 안전관리법 시행령 일부를 다음과 같이 개정한다.

제7조제2항제1호 중 "「품질경영 및 공산품안전관리법」 제14조"를 "「어린이제품 안전 특별법」 제17조"로 한다.

③ 수상레저안전법 시행령 일부를 다음과 같이 개정한다.

제35조에 제1호의2를 다음과 같이 신설한다.

1의2. 「어린이제품 안전 특별법」 제17조에 따라 안전인증을 받은 수상레저기구

부칙 〈제27636호, 2016. 11. 29.〉 (한국환경산업기술원법 시행령)

제1조(시행일) 이 영은 2016년 12월 2일부터 시행한다.

제2조(다른 법령의 개정) ① 및 ② 생략

③ 어린이제품 안전 특별법 시행령 일부를 다음과 같이 개정한다.

제3조제2항제3호 중 "「환경기술 및 환경산업 지원법」 제5조의3"을 "「한국환경산업기술원법」"으로 한다.

④부터 ⑪까지 생략

부칙 〈제29175호, 2018. 9. 18.〉 (제품안전기본법 시행령)

제1조(시행일) 이 영은 2018년 9월 21일부터 시행한다.

제2조 생략

제3조(다른 법령의 개정) ① 어린이제품 안전 특별법 시행령 일부를 다음과 같이 개정한다.

제16조 중 "「제품안전기본법」 제21조에 따른 한국제품안전협회를"을 "「제품안전기본법」 제21조의2제1항에 따른 한국제품안전관리원을"로 한다.

제18조제3항 중 "「제품안전기본법」 제21조에 따른 한국제품안전협회"를 "「제품안전기본법」 제21조의2제1항에 따른 한국제품안전관리원"으로 한다.

② 생략

부칙 〈제32839호, 2022. 8. 2.〉

이 영은 2022년 8월 4일부터 시행한다.

어린이제품 안전 특별법 시행규칙
(약칭 : 어린이제품법 시행규칙)

[시행 2024. 9. 3.] [산업통상자원부령 제573호, 2024. 9. 3., 타법개정]

제25조(상호인정계약의 체결 등)
제26조(안전인증의 면제)
제27조(안전인증표시의 기준과 방법 등)
제28조(안전인증의 취소)
제29조(안전확인대상어린이제품의 신고)
제30조(안전확인대상어린이제품의 변경신고)
제31조(안전확인대상어린이제품에 대한 안전기준의 제정 또는 개정의 신청)
제32조(안전확인대상어린이제품에 대한 새로운 안전기준의 적용)
제33조(시험 · 검사기관의 지정 신청 등)
제34조(제조업자 등의 관련 서류 비치)
제35조(상호인정계약의 체결 절차)
제36조(안전확인대상어린이제품의 신고 면제 등)
제37조(시험 · 검사기관의 지정 취소 및 업무정지의 처분기준 등)
제38조(안전확인기록의 작성 · 보관 방법)
제39조(안전확인표시)
제39조의2(안전확인 신고의 효력상실 처분 등)
제40조(공급자적합성확인 등)
제41조(공급자적합성확인대상어린이제품에 대한 새로운 안전기준의 적용)
제42조(공급자적합성확인의 표시 등)
제43조(공급자적합성확인대상어린이제품 관련 서류 비치)
제44조(안전정보의 수집 · 관리)
제45조(어린이제품 안전친화기업 지정 신청 등)
제46조(이행계획서의 내용 등)
제47조(시 · 도지사에 대한 자료제출 요구 절차)
제48조(수수료)
제49조(과태료의 부과기준)

**개정 예정 법률 밑줄 별도 표시.

어린이제품 안전 특별법 시행규칙 (약칭 : 어린이제품법 시행규칙)

[시행 2024. 9. 3.] [산업통상자원부령 제573호, 2024. 9. 3., 타법개정]

제1조(목적) 이 규칙은 「어린이제품 안전 특별법」 및 같은 법 시행령에서 위임된 사항과 그 시행에 필요한 사항을 규정함을 목적으로 한다.

제2조(안전관리대상어린이제품의 종류 및 적용 안전기준) ① 「어린이제품 안전 특별법」(이하 "법"이라 한다) 제2조제9호에 따른 안전인증대상어린이제품의 종류와 적용 안전기준은 별표 1과 같다.

② 법 제2조제11호에 따른 안전확인대상어린이제품의 종류와 적용 안전기준은 별표 2와 같다.

③ 법 제2조제12호에 따른 공급자적합성확인대상어린이제품의 종류와 적용 안전기준은 별표 3과 같다.

④ 국가기술표준원장은 법 제2조제13호에 따른 안전관리대상어린이제품의 구체적인 범위를 각각 정하여 고시할 수 있다.

제3조(안전성조사의 절차 등) ① 국가기술표준원장은 법 제6조제1항에 따른 안전성조사(이하 "안전성조사"라 한다)를 수행하기 위하여

다음 각 호의 어느 하나에 해당하는 기관 또는 단체에 어린이제품의 위해성에 관한 시험·검사 등을 의뢰할 수 있다. 〈개정 2017. 1. 26., 2022. 8. 3.〉

1. 법 제15조제3항에 따른 안전인증기관

2. 「제품안전기본법」 제21조의2제1항에 따른 한국제품안전관리원(이하 "한국제품안전관리원"이라 한다)

3. 「과학기술분야 정부출연연구기관 등의 설립·운영 및 육성에 관한 법률」 제2조제1호에 따른 과학기술분야 정부출연연구기관

4. 「국가표준 기본법」 제23조에 따라 인정받은 시험·검사기관

5. 「소비자기본법」 제33조에 따른 한국소비자원

6. 「전기용품 및 생활용품 안전관리법」 제4조제1항에 따른 안전인증기관

7. 삭제 〈2022. 8. 3.〉

8. 그 밖에 어린이제품의 안전성조사에 전문성이 있다고 국가기술표준원장이 인정하는 기관, 법인 또는 단체

② 안전성조사의 내용에는 해당 어린이제품에 대한 다음 각 호의 사항이 포함되어야 한다.

1. 제품명, 모델명 및 제품 사진

2. 법 제17조에 따른 안전인증 시 발급한 번호 또는 법 제22조에 따른 안전확인 신고 시 발급한 번호

3. 제조 연월(수입한 제품의 경우에는 수입 연월을 포함한다)

4. 제조 국가

5. 사업자명, 사업자의 주소와 연락처

6. 그 밖에 안전성조사를 위하여 필요한 사항

③ 국가기술표준원장은 안전성조사 결과 위해성이 확인되었거나 위해의 우려가 있는 경우에는 해당 어린이제품의 사업자 및 법 제15조제3항에 따른 안전인증기관(해당 어린이제품을 인증한 경우에만 해당한다)에 그 사실을 지체 없이 알려야 한다.

제4조(안전성조사 결과의 보관 등) ① 국가기술표준원장은 안전성조사를 한 경우에는 조사내용과 결과를 3년간 보관하여야 한다. 이 경우 조사내용과 결과는 전자문서로 작성 · 보관할 수 있다.

② 법 제6조제3항에 따라 해당 어린이제품의 사업자가 안전성조사 결과를 열람하려는 경우에는 국가기술표준원장에게 신청하여야 한다.

제5조(보고사항 및 검사사항 등) ① 법 제7조제1항에 따라 국가기술표준원장이 사업자에게 보고하게 하거나 제출하게 할 수 있는 자료 및 검사할 수 있는 항목은 별표 4와 같다.

② 법 제7조제1항에 따라 자료제출 또는 보고를 명령받은 사업자는 그 명령을 받은 날부터 20일 이내에 국가기술표준원장에게 해당 자료를 제출하거나 해당 사항에 대하여 보고하여야 한다. 다만, 사업자가 해당 기간 내에 자료제출 또는 보고를 하기 어려운 사유를 소명하는 경우 국가기술표준원장은 30일의 범위에서 그 제출 또는 보고 기간을 연장할 수 있다.

③ 국가기술표준원장은 법 제7조제1항에 따라 출입 · 검사 · 질문(이하 "출입등"이라 한다)을 하려는 경우에는 출입등 7일 전까지 일시, 이유 및 내용 등이 포함된 출입등의 계획을 사업자에게 문서(전

자문서를 포함한다)로 알려야 한다. 다만, 긴급한 경우나 사전에 통지를 하면 출입등의 목적을 달성할 수 없다고 인정되는 경우에는 그러하지 아니하다.

④ 법 제7조제2항에 따른 증표는 별지 제1호서식과 같다.

제6조(제품 수거등의 결과보고) 「어린이제품 안전 특별법 시행령」(이하 "영"이라 한다) 제6조제2항 및 제9조제2항에 따른 보고서는 별지 제2호서식의 어린이제품 수거등 결과보고서를 말한다.

제7조(권고 등의 해제 신청 등 절차) 영 제11조제1항에 따른 수거등의 권고·명령 해제신청서는 별지 제3호서식과 같다.

제8조(사업자의 보고 의무) ① 법 제12조제1항제1호에 따른 보고를 하려는 사업자는 별지 제4호서식의 어린이제품 안전기준 미준수 보고서를 국가기술표준원장에게 제출하여야 한다.

② 법 제12조제1항제2호에 따른 보고를 하려는 사업자는 별지 제5호서식의 어린이제품 사고 발생 보고서를 국가기술표준원장에게 제출하여야 한다.

③ 법 제12조제1항제3호에 따른 보고를 하려는 사업자는 별지 제6호서식의 어린이제품 결함 발견 보고서를 국가기술표준원장에게 제출하여야 한다.

제9조(자발적 수거등의 방법) ① 영 제13조제2항에 따른 계획서는 별지 제7호서식의 어린이제품 자발적 수거등 계획서를 말한다.

② 영 제13조제4항에 따른 보고서는 별지 제8호서식의 어린이제품 자발적 수거등 결과보고서를 말한다.

③ 영 제13조제5항에 따른 보고서는 별지 제9호서식의 외국에서

의 제품 수거등에 따른 조치보고서를 말한다.

제10조(자료제출 요청 범위 등) 법 제14조제1항 전단에 따라 사업자에게 요청할 수 있는 자료의 범위는 다음 각 호와 같다.

1. 해당 어린이제품의 설계·제조 또는 어린이제품의 표시에 관한 자료

2. 제조·유통한 어린이제품의 판매수량과 판매처에 관한 자료

3. 그 밖에 어린이제품사고의 경위와 원인을 파악하는 데 필요하다고 국가기술표준원장이 인정하는 자료

제11조(어린이제품사고의 조사 방법 등) ① 법 제14조제2항에 따른 어린이제품사고의 조사 방법은 다음 각 호와 같다.

1. 어린이제품사고와 관련이 있는 사고 현장, 판매처, 제조공장 및 제품 등에 대한 현장조사 또는 감정(鑑定)

2. 어린이제품사고와 관련이 있는 사고 및 피해 유형 등의 확인

② 국가기술표준원장은 어린이제품사고 조사를 위하여 필요하면 제12조제1항에 따라 지정된 법인 또는 단체의 직원에게 사고 현장, 판매처, 제조공장 및 그 밖에 조사에 필요하다고 인정하는 장소를 방문하여 해당 어린이제품, 어린이제품의 제조 시설·공정 및 관련 자료 등을 조사하거나 감정하게 할 수 있다. 이 경우 관계공무원이 동행하여야 하며, 관계인을 출석하게 하여 진술을 들을 수 있다.

③ 제2항에 따라 현장조사를 하는 사람은 별지 제1호서식의 어린이제품 조사원증을 지니고 관계인에게 내보여야 한다.

제12조(사고조사 기관 등 지정) ① 국가기술표준원장은 법 제14조제2항에 따라 어린이제품사고의 경위 및 원인 등을 조사하기 위하

여 다음 각 호의 기관을 사고조사기관(이하 이 조에서 "사고조사기관"이라 한다)으로 지정할 수 있다. 이 경우 사고조사기관은 발생한 어린이제품사고에 전문성이 있고, 사업자로부터 재정적인 지원을 받지 아니하는 등 조사 업무 수행에 관하여 독립성을 확보한 기관이어야 한다.

1. 「국가표준 기본법」 제23조에 따른 시험·검사기관

2. 「과학기술분야 정부출연연구기관 등의 설립·운영 및 육성에 관한 법률」 제2조제1호에 따른 과학기술분야 정부출연연구기관

3. 「고등교육법」 제2조에 따른 학교(어린이제품 안전에 관련된 학과 또는 연구소가 설치되어 있는 학교로 한정한다)

4. 그 밖에 국가기술표준원장이 어린이제품 안전사고의 조사업무에 전문성이 있다고 인정하는 기관

② 국가기술표준원장은 사고조사기관을 지정한 경우에는 별지 제10호서식의 어린이제품 사고조사기관 지정서를 발급하여야 한다.

③ 국가기술표준원장은 법 제14조제2항에 따라 사고조사기관으로 하여금 사고조사를 하게 하는 경우 해당 사고조사에 필요한 경비를 지원할 수 있다.

제13조(안전인증기관의 지정 신청 등) ① 법 제15조제1항에 따라 안전인증업무를 수행하는 기관(이하 "안전인증기관"이라 한다)으로 지정을 받으려는 자는 별지 제11호서식의 어린이제품 안전인증기관 지정신청서(전자문서를 포함한다)에 다음 각 호의 서류(전자문서를 포함한다)를 첨부하여 국가기술표준원장에게 제출하여야 한다.

1. 정관 또는 이에 준하는 운영규정

2. 사업계획서

3. 안전인증대상어린이제품의 시험검사 설비(시험검사 설비의 정밀도를 유지하기 위한 환경조건을 포함한다) 및 안전인증 인력 보유현황을 증명할 수 있는 서류

4. 안전인증을 수행하기 위한 절차·방법 등에 관한 업무규정

② 제1항에 따른 신청을 받은 국가기술표준원장은 「전자정부법」 제36조제1항에 따른 행정정보의 공동이용을 통하여 법인 등기사항증명서(법인만 해당한다)를 확인하여야 한다.

③ 국가기술표준원장은 제1항에 따라 안전인증기관의 지정을 신청한 자가 영 제14조에 따른 지정기준에 적합한 경우에는 안전인증대상어린이제품별로 안전인증을 수행하는 업무의 범위(이하 “안전인증업무범위”라 한다)를 정하여 안전인증기관으로 지정할 수 있다.

④ 제3항에 따라 안전인증기관으로 지정을 받은 자가 안전인증업무범위를 변경하려는 경우에는 별지 제12호서식의 안전인증업무범위 변경신고서에 그 변경하려는 안전인증대상어린이제품에 대한 제1항제2호부터 제4호까지의 서류를 첨부하여 국가기술표준원장에게 제출하여야 한다.

⑤ 국가기술표준원장은 제3항에 따라 안전인증기관을 지정하거나 제4항에 따라 안전인증업무범위를 변경하는 경우에는 별지 제13호서식의 어린이제품 안전인증기관 지정서를 발급하고, 그 내용을 공고하여야 한다.

⑥ 안전인증기관은 안전인증업무범위와 관련이 있는 「국가표준기본법」 제23조에 따른 시험·검사기관의 자격에 변동이 발생한 경우

그 사실을 국가기술표준원장에게 알리고 안전인증기관의 인터넷홈페이지에 그 사실을 지체 없이 게재하여야 한다.

제14조(안전인증기관의 지정 취소 및 업무정지의 처분기준 등) ① 법 제16조제1항에 따른 안전인증기관의 지정 취소와 업무정지의 기준은 별표 5와 같다.

② 국가기술표준원장은 제1항에 따라 안전인증기관의 지정 취소 또는 업무정지 처분을 한 경우에는 지체 없이 그 내용을 공고하여야 한다.

제15조(안전인증의 신청 등) ① 법 제17조제1항제1호에 따른 어린이제품에 관한 모델의 구분 기준은 별표 6과 같다.

② 법 제17조제1항제1호에 따라 안전인증을 받으려는 제조업자 또는 수입업자는 제1항에 따른 어린이제품 모델별로 별지 제14호서식의 안전인증 신청서에 다음 각 호의 서류를 첨부하여 안전인증기관에 제출하여야 한다.

1. 사업자등록증 사본
2. 제품의 설명서(사진을 포함한다)
3. 기계설계 및 전기회로 제작도면 등 기술 관련 서류
4. 대리인임을 증명하는 서류(대리인이 신청하는 경우만 해당한다)

③ 제2항에 따라 안전인증의 신청을 받은 안전인증기관은 해당 안전인증대상어린이제품이 다음 각 호의 기준에 부적합한 경우에는 별지 제14호서식의 결과통지서를 신청인에게 발급하고, 적합한 경우에는 별지 제15호서식의 안전인증서를 발급한다.

1. 법 제17조제3항에 따른 어린이제품검사의 안전기준(이하 "안전기준"이라 한다)

2. 법 제17조제3항에 따른 공장심사의 기준(이하 "공장심사기준"이라 한다)

④ 법 제17조제1항제2호에 따라 어린이제품별로 안전인증을 받으려는 제조업자 또는 수입업자는 안전인증대상어린이제품의 출고 전(수입의 경우에는 통관일부터 20일이 되는 날)까지 별지 제16호서식의 안전성 증명 신청서에 다음 각 호의 서류를 첨부하여 안전인증기관에 제출하여야 한다.

1. 제2항 각 호의 서류

2. 법 제17조제1항제2호에 해당함을 증명하는 서류

⑤ 제4항에 따라 안전인증의 신청을 받은 안전인증기관은 해당 안전인증대상어린이제품이 법 제17조제1항제2호에 해당하지 아니하거나 안전기준에 부적합한 경우에는 별지 제16호서식의 결과통지서를 신청인에게 발급하고, 법 제17조제1항제2호에 해당하고 안전기준에 적합한 경우에는 별지 제17호서식의 안전성 증명서를 발급한다.

⑥ 안전인증기관은 제2항 또는 제4항에 따라 안전인증을 신청하려는 제조업자가 외국에 거주하는 경우에는 국내에 주소를 가진 자를 대리인으로 선임하여 안전인증을 신청하게 할 수 있다.

제16조(안전인증대상어린이제품에 대한 안전기준의 제정 또는 개정의 신청) ① 법 제17조제1항에 따라 안전인증을 받으려는 자는 국가기술표준원장에게 안전기준의 제정 또는 개정을 신청할 수 있다.

② 제1항에 따라 안전기준의 제정 또는 개정 신청을 받은 국가기

술표준원장은 신청을 받은 날부터 15일 이내에 안전기준의 제정 또는 개정의 추진 여부를 신청인에게 알려야 한다.

제17조(안전인증의 변경 신청) ① 법 제17조제2항에 따라 안전인증의 변경을 신청하려는 자는 변경 사유가 발생한 날부터 1개월 이내에 별지 제18호서식의 안전인증 변경 신청서에 변경 사실을 증명하는 서류를 첨부하여 안전인증기관에 제출하여야 한다.

② 제1항에 따른 변경 신청을 받은 안전인증기관은 변경 신청한 내용이 해당 안전인증대상어린이제품의 안전기준 또는 공장심사기준에 적합한지를 확인한 후, 적합한 경우에는 별지 제15호서식의 안전인증서를 신청인에게 새로 발급하여야 한다. 다만, 안전성과 관련이 없는 경우에는 즉시 발급하여야 한다.

③ 제1항에 따른 변경 신청을 받은 안전인증기관은 변경 신청한 내용이 해당 기준에 부적합한 경우에는 별지 제18호서식의 결과통지서를 신청인에게 발급하여야 한다.

제18조(안전인증대상어린이제품에 대한 새로운 안전기준의 적용) ① 안전인증기관은 법 제17조제3항 단서에 따라 안전인증을 하려는 경우에는 해당 어린이제품에 적용할 안전기준을 정하여 줄 것을 국가기술표준원장에게 요청하여야 한다.

② 제1항에 따른 요청을 받은 국가기술표준원장은 안전인증기관으로 하여금 다음 각 호의 기준을 적용하여 안전인증을 하게 할 수 있다. 〈개정 2017. 1. 26.〉

1. 「산업표준화법」 제12조에 따른 산업표준

2. 국제표준화기구(ISO)와 국제전기기술위원회(IEC) 등의 국제기

준(제1호에 해당하는 산업표준이 없는 경우로 한정한다)

3. 「산업표준화법」 제27조에 따른 단체표준 또는 외국 국가기준 중에서 국가기술표준원장이 인정하는 기준(제1호 및 제2호에 해당하는 산업표준 또는 국제기준이 없는 경우로 한정한다)

4. 「전기용품 및 생활용품 안전관리법」 제3조제4항에 따른 전문위원회의 심의를 거친 기준(특허제품, 특수구조(特殊構造)용품 또는 「산업기술혁신 촉진법」 제16조에 따라 인증받은 신제품 등으로서 제1호 · 제2호 및 제3호에 해당하는 산업표준 또는 국제기준이 없는 경우로 한정한다)

제19조(안전인증의 조건) 안전인증기관은 법 제17조제4항에 따라 안전인증을 수행할 때에는 다음 각 호에 해당하는 조건을 붙일 수 있다.

1. 해당 어린이제품의 안전기준 관련 보완

2. 어린이제품 · 제조설비 또는 검사설비의 보완(어린이제품의 안전성 확보에 지장이 없는 경우만 해당한다)

3. 조건의 이행 결과 보고

제20조(안전인증기록의 작성 · 보관 방법) ① 안전인증기관은 법 제17조제5항에 따라 안전인증의 신청 및 발급에 관한 기록을 작성일부터 5년간 보관하여야 한다.

② 제1항에 따른 기록은 전자문서로 작성 · 보관할 수 있다.

제21조(정기검사의 방법 · 절차 등) ① 안전인증기관은 다음 각 호의 사항에 관하여 법 제17조제6항 본문에 따른 정기검사(이하 "정기검사"라 한다)를 하여야 한다.

1. 해당 어린이제품이 안전인증서에 표기된 제조공장에서 생산되고 있는지 여부

2. 해당 어린이제품이 안전기준에 적합한지 여부

3. 해당 공장이 공장심사기준에 적합한지 여부

② 안전인증기관은 정기검사를 하려는 경우에는 해당 정기검사 대상자에게 다음 각 호의 사항을 정기검사를 하기 10일 전까지 문서(전자문서를 포함한다)로 알려야 한다.

1. 검사의 일시

2. 검사의 대상

3. 검사원의 성명

4. 그 밖에 필요한 사항

③ 안전인증기관은 정기검사의 결과를 문서로 작성하여 해당 정기검사 대상자에게 알려야 한다.

④ 제3항에 따른 정기검사의 결과에 대하여 이의가 있는 해당 정기검사 대상자는 검사 결과를 통보받은 날부터 15일 이내에 별지 제19호서식의 재검사 신청서에 사유서를 첨부하여 재검사를 신청할 수 있다.

⑤ 제4항에 따라 재검사의 신청을 받은 안전인증기관은 재검사를 한 후 해당 재검사 신청인에게 별지 제19호서식의 재검사 결과 통지서를 발급하여야 한다.

⑥ 안전인증기관은 정기검사 결과 불합격한 사항은 국가기술표준원장과 특별시장 · 광역시장 · 특별자치시장 · 도지사 · 특별자치도지사(이하 "시 · 도지사"라 한다)에게 지체 없이 알려야 한다.

⑦ 법 제17조제6항 단서에 따라 수시검사를 하려는 경우 수시검사의 방법 및 절차에 관하여는 제3항부터 제6항까지의 규정을 준용한다.

제22조(자체검사의 방법 및 기록의 작성·보관) ① 법 제17조제7항에 따른 자체검사(이하 "자체검사"라 한다)는 공장심사기준 중 자체검사기준에서 정하는 바에 따른다.

② 안전인증대상어린이제품의 제조업자는 제1항에 따라 자체검사를 한 경우 법 제17조제8항에 따라 다음 각 호의 사항을 기록하여 3년간 보관하여야 한다.

1. 제품명 및 모델명
2. 검사 연월일 및 검사 장소
3. 검사자의 성명
4. 검사 수량
5. 검사 결과

제23조(안전인증대상어린이제품 제조업자 등의 작성·보관 서류) 법 제17조제8항제1호 및 제2호에서 "안전기준에 적합하다는 사실을 증명하는 서류"란 법 제17조제1항제1호에 따른 제품검사 결과서(사진을 포함한다)를 말한다.

제24조(정기검사의 면제) ① 법 제17조제9항에 따른 정기검사의 면제를 받으려는 자는 별지 제20호서식의 정기검사 면제신청서에 최근 2년간의 자체검사 실적을 첨부하여 안전인증기관에 제출하여야 한다.

② 안전인증기관은 제1항에 따른 정기검사 면제 신청이 다음 각

호의 요건을 모두 갖춘 경우에는 면제 신청 후 최초의 정기검사를 면제할 수 있다.

1. 직전 정기검사에서 안전기준에 적합한 것으로 판정된 경우

2. 최근 2년간의 자체검사 실적이 우수한 것으로 확인된 경우

③ 제2항에도 불구하고 안전인증기관은 직전 4년 동안 법 제6조에 따른 안전성조사 또는 법 제7조에 따른 검사에서 해당 어린이제품이 안전기준에 적합하지 아니한 것으로 확인된 사실이 있는 경우에는 정기검사를 면제해서는 아니 된다.

제25조(상호인정계약의 체결 등) ① 안전인증기관이 법 제17조제10항에 따른 계약을 체결하려는 경우에는 계약의 내용 및 범위 등을 국가기술표준원장과 협의하여야 하며, 계약을 체결할 수 있는 국내외 기관은 다음 각 호의 어느 하나에 해당하는 기관으로 한다.

1. 「국가표준기본법」 제23조에 따른 시험·검사기관의 인정요건을 충족하는 기관

2. 국제표준화기구(ISO)의 국제규격에 따른 시험·검사기관의 인정요건을 충족하는 기관

3. 국제전기기기인증제도(IECEE)에 따라 공인받은 인증기관

② 제1항에 따른 계약은 국제규격에 따라 인정되거나 국제전기기기인증제도에 따라 공인받은 품목의 범위에서 체결한다.

제26조(안전인증의 면제) ① 법 제18조제1항에 따른 안전인증의 면제범위는 다음 각 호와 같다.

1. 법 제18조제1항제1호 및 제2호에 해당하는 경우: 안전인증의 전부

2. 법 제18조제1항제3호부터 제5호까지의 규정에 해당하는 경우: 법 제17조제1항제1호에 따른 제품검사 또는 공장심사(법 제18조제1항제3호부터 제5호까지의 인증 또는 검사의 기준이 해당 어린이제품의 안전기준 또는 공장심사기준과 같거나 높은 경우만 해당한다)

3. 제2항제1호에 해당하는 경우: 안전인증의 전부

4. 제2항제2호 또는 제3호에 해당하는 경우: 공장심사

② 법 제18조제1항제6호에서 "산업통상자원부령으로 정하는 경우"란 다음 각 호의 어느 하나에 해당하는 경우를 말한다.

1. 제조업자 또는 수입업자가 해당 어린이제품이 이미 인증받은 어린이제품과 같은 모델임을 안전인증기관으로부터 확인받은 경우

2. 안전인증 심사 결과 공장심사기준에 합격하였으나 제품검사에 불합격한 경우로서 결과통지서를 받은 날부터 3개월 이내에 해당 어린이제품에 대하여 안전인증을 다시 신청한 경우

3. 안전인증을 받은 어린이제품과 같은 모델의 어린이제품으로서 다음 각 목의 요건을 모두 갖춘 경우

가. 안전인증을 받은 어린이제품과 같은 공장에서 생산될 것

나. 공장심사기준에서 정하는 제조설비 및 검사설비를 갖추고 있을 것

③ 제1항제1호에 따라 안전인증의 면제를 받으려는 자는 해당 어린이제품의 출고 또는 통관 전에 별지 제21호서식의 안전인증 면제 신청서에 다음 각 호의 서류를 첨부하여 한국제품안전관리원에 제출해야 한다. 〈개정 2022. 8. 3.〉

1. 제품의 설명서(사진을 포함한다)

2. 연구·개발 또는 수출을 목적으로 제조되거나 수입되는 것임을 증명하는 서류(법 제18조제1항제1호에 해당하는 경우로 한정한다)

3. 전시회나 박람회에 출품할 목적으로 제조되거나 수입되는 것임을 증명하는 서류(법 제18조제1항제2호에 해당하는 경우로 한정한다)

④ 제3항에 따라 안전인증 면제를 신청받은 한국제품안전관리원은 그 신청 내용이 안전인증면제대상 어린이제품인지를 확인한 후 산업통상자원부장관에게 그 결과를 통보해야 한다. 〈개정 2022. 8. 3.〉

⑤ 제4항에 따라 통보를 받은 산업통상자원부장관은 별지 제21호서식의 안전인증 면제 확인서를 발급하여야 한다.

제27조(안전인증표시의 기준과 방법 등) ① 법 제19조제2항에 따른 안전인증표시(이하 "안전인증표시"라 한다)의 기준과 방법은 별표 7과 같다.

② 법 제19조제5항에 따른 주의 또는 경고의 표시(이하 "안전인증대상어린이제품주의·경고표시"라 한다)의 기준과 방법은 별표 8과 같다.

③ 안전인증표시 및 안전인증대상어린이제품주의·경고표시는 국내에서 제조하는 어린이제품의 경우에는 출고 전에 표시하여야 하고, 외국에서 제조하여 국내로 수입하는 어린이제품의 경우에는 통관 전에 표시하여야 한다. 다만, 법 제17조제1항제2호에 따른 안전인증을 받은 경우에는 제15조제5항에 따른 안전성 증명서를 발급받은 후 지체 없이 안전인증표시 및 안전인증대상어린이제품주의·경고표시를 하여야 한다.

제28조(안전인증의 취소) ① 법 제21조제1항에 따른 안전인증의 취

소 및 안전인증표시의 사용금지 처분의 기준은 별표 9와 같다.

② 안전인증기관은 법 제21조제2항에 따라 안전인증을 취소하거나 안전인증표시의 사용을 금지하는 경우에는 다음 각 호의 사항을 해당 제조업자, 다른 안전인증기관, 시·도지사 및 국가기술표준원장에게 문서(전자문서를 포함한다)로 알리고, 그 내용을 안전인증기관의 인터넷 홈페이지에 14일 이상 게시하여 공고하여야 한다.

1. 해당 안전인증대상어린이제품의 제조업체명
2. 해당 안전인증대상어린이제품의 제품명 및 모델명
3. 안전인증의 취소 또는 안전인증표시 사용금지처분의 내용·처분일과 사유(안전인증표시 사용금지처분의 경우에는 사용금지 기간을 포함한다)

제29조(안전확인대상어린이제품의 신고) ① 법 제22조제1항에 따라 안전확인 신고를 하려는 제조업자 및 수입업자는 안전확인대상어린이제품의 모델별로 출고 또는 통관 전에 별지 제22호서식의 안전확인 신고서에 다음 각 호의 서류를 첨부하여 안전인증기관에 제출해야 한다. 〈개정 2022. 8. 3.〉

1. 사업자등록증 사본
2. 제품의 설명서(사진을 포함한다)
3. 법 제22조제4항에 따른 안전확인대상어린이제품 시험·검사기관(이하 "시험·검사기관"이라 한다)의 해당 어린이제품에 대한 제품검사 결과서

② 제1항에 따라 안전확인 신고를 받은 안전인증기관은 별지 제22호서식의 안전확인 신고 확인증을 신고인에게 발급하여야 한다.

제30조(안전확인대상어린이제품의 변경신고) ① 법 제22조제1항 후단에 따른 안전확인 변경신고를 하려는 자는 변경 사유가 발생한 날부터 1개월 이내에 별지 제23호서식의 안전확인 변경신고서에 변경 사실을 증명하는 서류를 첨부하여 안전인증기관에 제출하여야 한다.

② 제1항에 따른 변경신고를 받은 안전인증기관은 별지 제23호서식의 안전확인 변경신고 확인증을 신고인에게 발급하여야 한다.

제31조(안전확인대상어린이제품에 대한 안전기준의 제정 또는 개정의 신청) ① 법 제22조제1항에 따라 안전확인 신고를 하려는 자는 국가기술표준원장에게 안전기준의 제정 또는 개정을 신청할 수 있다.

② 제1항에 따라 안전기준의 제정 또는 개정 신청을 받은 국가기술표준원장은 신청을 받은 날부터 15일 이내에 안전기준의 제정 또는 개정의 추진 여부를 신청인에게 알려야 한다.

제32조(안전확인대상어린이제품에 대한 새로운 안전기준의 적용) ① 시험·검사기관은 법 제22조제3항 단서에 따라 시험·검사를 하려는 경우에는 해당 어린이제품에 적용할 안전기준을 정하여 줄 것을 국가기술표준원장에게 요청해야 한다. 〈개정 2022. 8. 3.〉

② 제1항에 따른 요청을 받은 국가기술표준원장은 시험·검사기관으로 하여금 다음 각 호의 기준을 안전기준으로 적용하여 시험·검사를 하게 할 수 있다. 〈개정 2017. 1. 26.〉

1. 「산업표준화법」 제12조에 따른 산업표준

2. 국제표준화기구(ISO)와 국제전기기술위원회(IEC) 등의 국제기

준(제1호에 해당하는 산업표준이 없는 경우로 한정한다)

3. 「산업표준화법」 제27조에 따른 단체표준 또는 외국 국가기준 중에서 국가기술표준원장이 인정하는 기준(제1호 및 제2호에 해당하는 산업표준 또는 국제기준이 없는 경우로 한정한다)

4. 「전기용품 및 생활용품 안전관리법」 제3조제4항에 따른 전문위원회의 심의를 거친 기준(특허제품, 특수구조(特殊構造)용품 또는 「산업기술혁신 촉진법」 제16조에 따라 인증받은 신제품 등으로서 제1호·제2호 및 제3호에 해당하는 산업표준 또는 국제기준이 없는 경우로 한정한다)

제33조(시험·검사기관의 지정 신청 등) ① 법 제22조제4항에서 "산업통상자원부령으로 정하는 기준에 맞는 기관"이란 다음 각 호의 요건을 모두 충족한 기관을 말한다. 〈개정 2022. 8. 3.〉

1. 「국가표준기본법」 제23조에 따른 시험·검사기관으로 인정을 받을 것

2. 안전확인대상어린이제품의 시험·검사를 수행하려는 업무의 범위별로 법 제22조제3항에 따른 안전기준에서 요구하는 모든 시험·검사설비를 보유할 것. 다만, 국가기술표준원장이 정하여 고시하는 특수고가(特殊高價)의 시험·검사설비는 제외할 수 있다.

3. 「국가표준기본법」 제23조에 따라 인정받은 시험·검사기관에서의 시험·검사 경력이 5년 이상인 사람을 시험·검사업무를 수행하는 사람으로 2명 이상 확보할 것

② 법 제22조제4항에 따라 시험·검사기관으로 지정받으려는 자는 별지 제24호서식의 안전확인대상 어린이제품 시험·검사기관 지

정신청서에 다음 각 호의 서류를 첨부하여 국가기술표준원장에게 제출해야 한다. 〈개정 2022. 8. 3.〉

1. 정관 또는 이에 준하는 운영규정

2. 사업계획서

3. 제1항 각 호의 사항을 증명할 수 있는 서류

4. 안전확인대상어린이제품 시험·검사를 수행하기 위한 절차·방법 등에 관한 업무규정

③ 국가기술표준원장은 제2항에 따라 안전확인 시험·검사기관 지정을 신청한 자가 제1항에 따른 지정기준에 적합한 경우에는 안전확인대상어린이제품 시험·검사기관으로 지정할 수 있다. 이 경우 국가기술표준원장은「전자정부법」 제36조제1항에 따른 행정정보의 공동이용을 통하여 법인 등기사항증명서(법인만 해당한다)를 확인하여야 한다.

④ 국가기술표준원장은 제3항에 따라 안전확인대상어린이제품 시험·검사기관을 지정하거나 제5항에 따라 안전확인 시험·검사 업무범위를 변경한 경우 별지 제25호서식의 안전확인대상어린이제품 시험·검사기관 지정서를 발급하고, 그 내용을 지체 없이 공고하여야 한다.

⑤ 시험·검사기관으로 지정받은 자가 안전확인 시험·검사 업무범위를 변경하려는 경우에는 별지 제26호서식의 안전확인 시험·검사 업무범위 변경신청서에 변경하려는 안전확인대상어린이제품에 대하여 제2항제2호부터 제4호까지의 서류를 첨부하여 국가기술표준원장에게 제출하여야 한다. 이 경우 국가기술표준원장은 「전자정부법」

제36조제1항에 따른 행정정보의 공동이용을 통하여 법인 등기사항 증명서(법인만 해당한다)를 확인하여야 한다.

⑥ 국가기술표준원장은 제5항에 따라 안전확인 시험·검사 업무 범위를 변경하는 경우에는 그 내용을 지체 없이 공고하여야 한다.

제34조(제조업자 등의 관련 서류 비치) 법 제22조제6항에 따라 안전확인대상어린이제품의 제조업자 또는 수입업자는 다음 각 호의 서류를 해당 어린이제품의 제조일(제조일이 없는 수입품의 경우에는 수입일을 말한다)부터 5년간 보관해야 한다. 〈개정 2022. 8. 3.〉

1. 제품의 설명서(사진을 포함한다)

2. 해당 어린이제품에 대한 시험·검사기관의 제품검사 결과서

3. 제29조제2항에 따른 안전확인 신고 확인증 또는 제30조제2항에 따른 안전확인 변경신고 확인증

제35조(상호인정계약의 체결 절차) ① 시험·검사기관이 법 제22조제7항에 따른 계약을 체결하려는 경우에는 계약의 내용과 범위 등을 국가기술표준원장과 협의해야 하며, 계약을 체결할 수 있는 국내외의 기관은 다음 각 호의 어느 하나에 해당하는 기관으로 한다. 〈개정 2022. 8. 3.〉

1. 「국가표준기본법」 제23조에 따른 시험·검사기관의 인정요건을 충족하는 기관

2. 국제규격에 따른 시험·검사기관의 인정요건을 충족하는 기관

3. 국제전기기기인증제도에 따라 공인받은 인증기관

② 제1항에 따른 계약은 국제규격에 따라 인정되거나 국제전기기기인증제도에 따라 공인받은 품목의 범위에서 체결한다.

제36조(안전확인대상어린이제품의 신고 면제 등) ① 법 제22조제8항에 따른 안전확인 신고의 면제범위는 다음 각 호와 같다. 〈개정 2022. 8. 3.〉

1. 법 제22조제8항제1호ㆍ제2호 또는 제5호에 해당하는 경우: 안전확인 신고

2. 법 제22조제8항제3호 또는 제4호에 해당하는 경우: 인증 또는 검사를 받은 사항 중 법 제22조제3항에 따른 안전기준 이상에 상응하는 부분에 대한 시험ㆍ검사

② 제1항제1호에 따라 안전확인 신고를 면제받으려는 자는 해당 어린이제품의 출고 또는 통관 전에 별지 제27호서식의 안전확인 신고 면제 신청서에 다음 각 호의 서류를 첨부하여 한국제품안전관리원에 제출해야 한다. 〈개정 2022. 8. 3.〉

1. 제품의 설명서(사진을 포함한다)

2. 연구ㆍ개발 또는 수출을 목적으로 제조되거나 수입되는 것임을 증명하는 서류(법 제22조제8항제1호의 경우로 한정한다)

3. 전시회나 박람회에 출품할 목적으로 제조되거나 수입되는 것임을 증명하는 서류(법 제22조제8항제2호의 경우로 한정한다)

4. 법 제22조제8항제5호에 해당함을 증명하는 서류

③ 제2항에 따라 안전확인 신고 면제 신청을 받은 한국제품안전관리원은 그 신청 내용이 안전확인면제대상 어린이제품인지를 확인한 후 산업통상자원부장관에게 그 결과를 통보해야 한다. 〈개정 2022. 8. 3.〉

④ 제3항에 따라 통보를 받은 산업통상자원부장관은 별지 제27호

서식의 안전확인 신고 면제 확인서를 발급하여야 한다.

제37조(시험 · 검사기관의 지정 취소 및 업무정지의 처분기준 등) ① 법 제22조제10항에 따른 시험 · 검사기관의 지정 취소와 업무정지의 처분기준은 별표 10과 같다. 〈개정 2022. 8. 3.〉

② 국가기술표준원장은 법 제22조제10항에 따라 시험 · 검사기관의 지정을 취소하거나 업무정지를 명한 경우에는 그 사실을 지체 없이 공고해야 한다. 〈개정 2022. 8. 3.〉

제38조(안전확인기록의 작성 · 보관 방법) ① 시험 · 검사기관은 법 제22조제12항에 따라 안전확인을 한 기록을 작성일부터 5년간 보관해야 한다. 〈개정 2022. 8. 3.〉

② 제1항에 따른 해당 기록은 전자문서로 작성 · 보관할 수 있다.

제39조(안전확인표시) ① 법 제23조제1항 및 제2항에 따른 안전확인 표시(이하 "안전확인표시"라 한다)의 기준과 방법은 별표 11과 같다.

② 법 제23조제5항에 따른 주의 또는 경고의 표시(이하 "안전확인대상어린이제품주의 · 경고표시"라 한다)의 기준과 방법은 별표 8과 같다.

③ 안전확인표시 및 안전확인대상어린이제품주의 · 경고표시는 국내에서 제조하는 어린이제품에는 출고 전에 하고, 외국에서 제조하여 국내로 수입하는 어린이제품에는 통관 전에 하여야 한다.

제39조의2(안전확인 신고의 효력상실 처분 등) ① 법 제24조의2제1항에 따른 안전확인 신고의 효력상실 처분, 안전확인표시의 사용금지명령 또는 개선명령에 관한 행정처분의 기준은 별표 9와 같다.

② 산업통상자원부장관은 법 제24조의2제1항에 따라 안전확인 신

고의 효력상실 처분, 안전확인표시의 사용금지명령 또는 개선명령을 하는 경우에는 다음 각 호의 사항을 공고하고, 시·도지사, 안전인증기관, 해당 제조업자 또는 수입업자에게 통보해야 한다.

1. 해당 안전확인대상어린이제품의 제조업자명 또는 수입업자명

2. 해당 안전확인대상어린이제품명 및 모델명

3. 안전확인신고의 효력상실 처분, 안전확인표시의 사용금지명령 또는 개선명령에 관한 내용, 처분일 및 사유

[본조신설 2022. 8. 3.]

제40조(공급자적합성확인 등) ① 법 제25조제1항에 따라 공급자적합성 확인대상어린이제품의 제조업자 및 수입업자는 해당 공급자적합성확인대상어린이제품을 출고하기 전이나 통관하기 전에 모델별(안전기준상에 모델구분이 있는 제품에만 해당한다)로 제품시험을 실시하거나 제3자에게 시험을 의뢰하여 해당 어린이제품에 대한 공급자적합성확인을 하여야 한다.

② 공급자적합성확인 후 별지 제28호서식의 공급자적합성 확인서를 즉시 작성·비치하여야 한다.

제41조(공급자적합성확인대상어린이제품에 대한 새로운 안전기준의 적용) ① 공급자적합성확인대상어린이제품의 제조업자 및 수입업자는 법 제25조제3항에 따라 시험·검사를 하려는 경우에는 해당 어린이제품에 적용할 안전기준을 정하여 줄 것을 국가기술표준원장에게 요청하여야 한다.

② 제1항에 따른 요청을 받은 국가기술표준원장은 제조업자와 수입업자로 하여금 다음 각 호의 기준을 안전기준으로 적용하여 시험

·검사를 하게 할 수 있다. 〈개정 2017. 1. 26.〉

1. 「산업표준화법」 제12조에 따른 산업표준

2. 국제표준화기구(ISO)와 국제전기기술위원회(IEC) 등의 국제기준(제1호에 해당하는 산업표준이 없는 경우만 해당한다)

3. 「산업표준화법」 제27조에 따른 단체표준 또는 외국 국가기준 중에서 국가기술표준원장이 인정하는 기준(제1호 및 제2호에 해당하는 산업표준 또는 국제기준이 없는 경우만 해당한다)

4. 「전기용품 및 생활용품 안전관리법」 제3조제4항에 따른 전문위원회의 심의를 거친 기준(특허제품, 특수구조(特殊構造)용품, 「산업기술혁신 촉진법」 제16조에 따라 인증받은 신제품 등으로서 제1호·제2호 및 제3호에 해당하는 산업표준 또는 국제기준이 없는 경우로 한정한다)

제42조(공급자적합성확인의 표시 등) ① 법 제25조제4항에 따른 공급자적합성표시(이하 "공급자적합성확인표시"라 한다)의 기준과 방법은 별표 12와 같다.

② 법 제25조제5항에 따른 공급자적합성확인대상어린이제품의 어린이의 생명·신체에 미치는 영향에 관한 주의 또는 경고의 표시(이하 "공급자적합성확인대상어린이제품 주의·경고표시"라 한다)의 표시방법은 별표 8과 같다.

③ 공급자적합성확인표시와 공급자적합성확인대상어린이제품 주의·경고표시는 국내에서 제조하는 어린이제품에는 출고 전에 하고, 외국에서 제조하여 국내로 수입하는 어린이제품에는 통관 전에 해야 한다.

[전문개정 2022. 8. 3.]

제43조(공급자적합성확인대상어린이제품 관련 서류 비치) 법 제25조제6항에 따라 공급자적합성확인대상어린이제품의 제조업자 또는 수입업자는 다음 각 호의 서류를 해당 어린이제품의 제조일(제조일을 알 수 없는 수입품의 경우에는 수입일을 말한다)부터 5년간 갖추어 두어야 한다.

1. 제품의 설명서(사진을 포함한다)

2. 해당 공급자적합성확인대상어린이제품에 대한 공급자적합성확인 제품검사 결과서(사진을 포함한다)

3. 별지 제28호서식의 공급자적합성 확인서

제44조(안전정보의 수집ㆍ관리) 국가기술표준원장은 법 제28조제1항에 따라 어린이제품안전정책의 수립ㆍ집행과 어린이제품사고의 예방을 위하여 다음 각 호의 사항을 수집ㆍ관리하여야 한다.

1. 법 제6조제1항에 따른 안전성조사 내용과 결과

2. 법 제9조에 따른 수거등의 권고 내용 및 결과

3. 법 제10조에 따른 수거등의 명령 내용 및 결과

4. 법 제12조에 따라 사업자가 보고한 정보

5. 그 밖에 어린이제품안전에 관한 정보

제45조(어린이제품 안전친화기업 지정 신청 등) ① 법 제32조제1항에 따른 어린이제품 안전친화기업(이하 “안전친화기업”이라 한다)의 지정기준은 다음 각 호의 사항을 고려하여 국가기술표준원장이 정하여 고시한다.

1. 어린이제품 안전친화 활동을 위한 내부규정 등 활동자료

2. 최근 3년간 안전성조사 결과 및 조치실적

3. 그 밖에 어린이제품 안전 향상을 위한 활동사항

② 법 제32조제2항에 따라 안전친화기업으로 지정을 받으려는 사업자는 별지 제29호서식의 어린이제품 안전친화기업 지정 신청서에 다음 각 호의 서류를 첨부하여 한국제품안전관리원에 신청해야 한다. 〈개정 2022. 8. 3.〉

1. 사업자의 어린이제품 안전인증서 또는 안전확인신고서

2. 사업자의 어린이제품 소개서

3. 어린이제품 안전친화활동을 위한 자체 업무규정

③ 제2항에 따라 안전친화기업 지정 신청을 받은 한국제품안전관리원의 장은 해당 사업자가 제1항에 따른 지정기준에 적합한지를 심사하고, 안전친화기업 지정기준에 적합한 경우에는 그 결과를 국가기술표준원에 통보해야 한다. 〈개정 2022. 8. 3.〉

④ 제3항에 따른 통보를 받은 국가기술표준원장은 별지 제30호서식의 어린이제품 안전친화기업 지정서를 발급하여야 한다.

⑤ 법 제32조제5항에 따른 안전친화기업 표시의 기준과 방법은 별표 13과 같다.

⑥ 그 밖에 안전친화기업 지정에 필요한 세부 절차는 국가기술표준원장이 고시할 수 있다.

제46조(이행계획서의 내용 등) ① 영 제17조제5항에 따른 이행계획서에는 해당 어린이제품에 대한 다음 각 호의 사항이 포함되어야 한다.

1. 명령이행 의무자의 상호와 그 대표자의 성명

2. 어린이제품명과 상표

3. 결함의 내용과 원인

4. 결함을 시정하지 아니하는 경우 예상되는 위해의 내용

5. 결함의 시정 내용(결함의 수리, 같은 종류의 물품과의 교환 또는 구입금액의 환불 등에 관한 사항을 포함한다)과 시정 기간

② 시·도지사는 이행계획서의 내용이 해당 어린이제품의 결함을 바로잡기에 미흡하다고 판단되는 경우에는 명령이행 의무자에게 그 내용을 보완하도록 명령할 수 있다.

제47조(시·도지사에 대한 자료제출 요구 절차) ① 국가기술표준원장은 법 제35조에 따라 시·도지사에게 자료 제출을 요구하는 경우에는 제출자료의 서식과 목록 등을 적은 문서(전자문서를 포함한다)로 알려야 한다.

② 시·도지사는 제1항에 따른 자료제출을 요구받으면 정당한 사유가 있는 경우 외에는 20일 이내에 해당 자료를 제출하여야 한다.

제48조(수수료) 법 제39조에 따른 수수료의 부과기준은 별표 14와 같다. 다만, 안전인증기관 등의 장은 수수료 납부대상자가 「소상공인기본법」 제2조에 따른 소상공인 또는 「중소기업기본법」 제2조에 따른 중소기업자인 경우로서 납부대상자의 경제적 부담 완화 또는 경영안정 지원 등을 위하여 수수료 감면이 필요하다고 인정하는 경우에는 수수료를 감면할 수 있다. 〈개정 2024. 9. 3.〉

제49조(과태료의 부과기준) 법 제43조제1항부터 제3항까지의 규정에 따른 과태료의 부과기준은 별표 15와 같다.

부칙 〈제133호, 2015. 6. 4.〉

제1조(시행일) 이 규칙은 2015년 6월 4일부터 시행한다.

제2조(공급자적합성확인대상어린이제품에 관한 적용례) 제2조제3항에 따른 공급자적합성확인대상어린이제품 중 이 규칙 시행 전에 「품질경영 및 공산품안전관리법 시행규칙」 제2조제3항에 따른 안전·품질표시대상공산품에 포함되지 아니한 어린이제품의 공급자적합성확인은 2016년 6월 4일부터 출고되거나 통관되는 것부터 적용한다.

제3조(안전인증기관 등에 관한 경과조치) ① 이 규칙 시행 당시 「품질경영 및 공산품안전관리법 시행규칙」 제6조제3항에 따라 안전인증기관으로 지정받은 기관 중 영 제14조에 따른 안전인증기관 지정요건을 충족하는 기관은 제13조제3항에 따른 안전인증기관으로 지정받은 것으로 본다.

② 이 규칙 시행 당시 「품질경영 및 공산품안전관리법 시행규칙」 제20조의4제4항에 따라 자율안전확인 시험·검사 기관으로 지정받은 기관 중 제33조제1항에 따른 안전확인 시험·검사 기관 지정요건을 충족하는 기관은 제33조제3항에 따른 안전확인 시험·검사 기관으로 지정 받은 것으로 본다.

제4조(안전인증대상어린이제품에 관한 경과조치) 이 규칙 시행 당시 「품질경영 및 공산품안전관리법 시행규칙」 제8조제3항에 따라 안전인증서를 발급받은 안전인증대상어린이제품은 제15조제3항에 따른 안전인증서를 발급받은 것으로 본다.

제5조(안전인증의 표시 등에 관한 경과조치) ① 이 규칙 시행 당시 「품질경영 및 공산품안전관리법 시행규칙」 제17조 및 제24조에 따

른 안전인증표시, 안전·품질표시는 2018년 6월 3일까지 제27조 및 제42조에 따른 안전인증표시, 공급자적합성확인표시와 함께 사용할 수 있다.

② 이 규칙 시행 전에 「품질경영 및 공산품안전관리법 시행규칙」 제19조제2항에 따라 자율안전확인 신고확인증을 발급받은 자율안전확인대상공산품 중 어린이제품의 자율안전확인표시는 그 신고의 유효기간까지 제39조제1항에 따른 안전확인표시와 함께 사용할 수 있다.

제6조(안전확인대상어린이제품에 관한 경과조치) 이 규칙 시행 당시 「품질경영 및 공산품안전관리법 시행규칙」 제19조제2항에 따라 자율안전확인 신고확인증을 발급받은 자율안전확인대상공산품 중 어린이제품은 제29조제2항에 따른 안전확인 신고확인증을 발급받은 것으로 본다.

제7조(공급자적합성확인대상어린이제품에 관한 경과조치) 이 규칙 시행 당시 「품질경영 및 공산품안전관리법 시행규칙」 제24조제2항에 따라 안전·품질표시를 한 안전·품질표시대상공산품 중 어린이제품은 제40조제1항에 따른 공급자적합성확인을 한 것으로 본다.

제8조(행정처분의 기준에 관한 경과조치) ① 부칙 제3조에 따른 안전인증기관 및 안전확인 시험·검사기관의 이 규칙 시행 전 위반행위에 대한 행정처분의 기준에 관하여는 「품질경영 및 공산품안전관리법 시행규칙」에 따른다.

② 부칙 제4조, 제6조 및 제7조에 따른 어린이제품의 사업자 또는 수입업자의 이 규칙 시행 전 위반행위에 대한 행정처분에 관하여는 「품질경영 및 공산품안전관리법 시행규칙」에 따른다.

제9조(다른 법령의 개정) 품질경영 및 공산품안전관리법 시행규칙 일부를 다음과 같이 개정한다.

별표 1 제3호라목 및 마목을 각각 삭제한다.

별표 2 제1호다목 · 제2호사목 · 제5호아목부터 타목까지, 거목 · 버목 · 저목 및 처목을 각각 삭제한다.

별표 3 제5호노목을 삭제한다.

부칙 〈제238호, 2017. 1. 26.〉 (전기용품 및 생활용품 안전관리법 시행규칙)

제1조(시행일) 이 규칙은 2017년 1월 28일부터 시행한다.

제2조 부터 제5조까지 생략

제6조(다른 법령의 개정) ① 어린이제품 안전 특별법 시행규칙 일부를 다음과 같이 개정한다.

제3조제1항제6호 중 "「전기용품안전 관리법」 제9조"를 "「전기용품 및 생활용품 안전관리법」 제4조제1항"으로 하고, 같은 항 제7호 중 "「품질경영 및 공산품안전관리법」 제12조"를 "「전기용품 및 생활용품 안전관리법」 제4조제1항"으로 한다.

제18조제2항제4호, 제32조제2항제4호 및 제41조제2항제4호 중 "「품질경영 및 공산품안전관리법」 제11조제4항"을 각각 "「전기용품 및 생활용품 안전관리법」 제3조제4항"으로 한다.

② 생략

제7조 생략

부칙 〈제294호, 2018. 4. 19.〉

이 규칙은 공포한 날부터 시행한다.

부칙 〈제480호, 2022. 8. 3.〉

이 규칙은 2022년 8월 4일부터 시행한다.

부칙 〈제523호, 2023. 9. 15.〉

제1조(시행일) 이 규칙은 공포한 날부터 시행한다.

제2조(안전인증 신청 및 정기검사의 수수료에 관한 적용례) 별표 14 제1호다목 및 제3호나목의 개정규정은 이 규칙 시행 전에 수수료를 납부하였으나 안전인증이나 정기검사를 받지 않은 경우에도 적용한다.

제3조(시험ㆍ검사의 수수료에 관한 적용례) 별표 14 비고 제3호의 개정규정은 이 규칙 시행 이후 법 제22조제1항에 따른 시험ㆍ검사의 수수료를 납부하는 경우부터 적용한다.

부칙 〈제573호, 2024. 9. 3.〉 (소상공인 등의 금전납부부담 완화를 위한 산업표준화법 시행규칙 등 2개 법령의 일부개정에 관한 산업통상자원부령)

제1조(시행일) 이 규칙은 공포한 날부터 시행한다.

제2조(수수료 감면에 관한 적용례) 제1조 및 제2조의 개정규정은 이 규칙 시행 이후 제품 또는 서비스 등의 인증ㆍ심사ㆍ시험ㆍ검사를 신청하거나 안전확인 신고(변경신고를 포함한다)하는 경우부터 적용

한다.

별표 / 서식

[별표 1] 안전인증대상어린이제품의 종류 및 적용 안전기준(제2조제1항 관련)

[별표 2] 안전확인대상어린이제품의 종류 및 적용 안전기준(제2조제2항 관련)

[별표 3] 공급자적합성확인대상어린이제품의 종류 및 적용 안전기준(제2조제3항 관련)

[별표 4] 보고, 제출 및 검사 항목(제5조제1항 관련)

[별표 5] 안전인증기관의 지정 취소 및 업무정지의 기준(제14조제1항 관련)

[별표 6] 어린이제품의 모델에 관한 구분 기준(제15조제1항 관련)

[별표 7] 안전인증표시의 기준과 방법(제27조제1항 관련)

[별표 8] 어린이제품주의·경고표시의 기준과 방법(제27조제2항, 제39조제2항, 제42조제2항 관련)

[별표 9] 안전인증취소 등 행정처분 기준(제28조제1항 및 제39조의2제1항 관련)

[별표 10] 시험·검사기관의 지정 취소 및 업무정지의 처분기준(제37조제1항 관련)

[별표 11] 안전확인표시의 기준과 방법(제39조제1항 관련)

[별표 12] 공급자적합성확인표시의 기준과 방법(제42조제1항 관련)

[별표 13] 안전친화기업 표시의 기준과 방법(제45조제5항 관련)

[별표 14] 수수료 부과기준(제48조 관련)

[별표 15] 과태료의 부과기준(제49조 관련)

[별지 제1호서식] 어린이제품 조사원증

[별지 제2호서식] 어린이제품 수거등 결과보고서

[별지 제3호서식] 수거등의 권고 · 명령 해제신청서

[별지 제4호서식] 어린이제품 안전기준 미준수 보고서

[별지 제5호서식] 어린이제품 사고 발생 보고서

[별지 제6호서식] 어린이제품 결함 발견 보고서

[별지 제7호서식] 어린이제품 자발적 수거등 계획서

[별지 제8호서식] 어린이제품 자발적 수거등 결과보고서

[별지 제9호서식] 외국에서의 제품 수거등에 따른 조치보고서

[별지 제10호서식] 어린이제품 사고조사기관 지정서

[별지 제11호서식] 어린이제품 안전인증기관 지정신청서

[별지 제12호서식] 안전인증업무범위 변경신고서

[별지 제13호서식] 어린이제품 안전인증기관 지정서

[별지 제14호서식] 안전인증 신청서(결과통지서 겸용)

[별지 제15호서식] 안전인증서

[별지 제16호서식] 안전성 증명 신청서(결과통지서 겸용)

[별지 제17호서식] 안전성 증명서

[별지 제18호서식] 안전인증 변경 신청서(결과통지서 겸용)

[별지 제19호서식] 재검사 신청서(재검사 결과 통지서 겸용)

[별지 제20호서식] 정기검사 면제신청서

[별지 제21호서식] 안전인증 면제 신청서(연구 · 개발 · 수출 · 전시회

· 박람회용)(안전인증 면제 확인서 겸용)

[별지 제22호서식] 안전확인 신고서(안전확인 신고 확인증 겸용)

[별지 제23호서식] 안전확인 변경신고서(안전확인 변경신고 확인증 겸용)

[별지 제24호서식] 안전확인대상 어린이제품 시험·검사기관 지정 신청서

[별지 제25호서식] 안전확인대상 어린이제품 시험·검사기관 지정서

[별지 제26호서식] 안전확인 시험·검사 업무범위 변경신청서

[별지 제27호서식] 안전확인 신고 면제 신청서 (연구·개발·수출·전시회·박람회용 등)(안전확인 신고 면제 확인서 겸용)

[별지 제28호서식] 공급자적합성 확인서

[별지 제29호서식] 어린이제품 안전친화기업 지정 신청서

[별지 제30호서식] 어린이제품 안전친화기업 지정서

대한민국 법령 시리즈 262

어린이제품 안전 특별법

(약칭 : 어린이제품법)

법 령 / 시 행 령 / 시 행 규 칙

2025년 9월 1일 인쇄 정가 14,000원
2025년 9월 11일 발행

편 저 편집부
디 자 인 송영미
발 행 인 조준형
발 행 처 해광출판사

http://www.hgbookpub.com
E-mail : munbookcokr@naver.com
주 소 부산광역시 중구 해관로 41-1 (중앙동2가)
전화번호 (051) 253-0001 팩스 (051) 245-1187

등 록 제 2012-000005호

해광출판사에서는 여러분의 소중한 원고와 함께 할 기회를 기다리고 있습니다. 책으로 엮을 원고나 아이디어가 있으신 분들은 이메일 munbookcokr@naver.com로 책에 대한 간단한 개요와 원고 전체 또는 일부를 연락처와 함께 보내주십시오.

ISBN 979-11-6881-880-4

※ 법령 출처 : 법제처 국가법령정보센터
※ 본 도서는 〈공공데이터 제공 및 이용 활성화에 관한 법률〉을 근거로 출판되었습니다.

해광출판사 대한민국 법령 시리즈

001. 선원법
002. 어선법
003. 선박직원법
004. 해사안전기본법
005. 해양환경관리법
006. 선박의 입항 및 출항등에 관한 법률
007. 학교안전사고예방 및 보상에 관한 법률
008. 종합부동산세법
009. 방위사업법
010. 행정규제기본법
011. 식품산업진흥법
012. 위험물안전관리법
013. 화재의 예방 및 안전관리에 관한 법률
014. 도시가스사업법
015. 실내공기질관리법
016. 지방세법
017. 소득세법
018. 법인세법
019. 도선법
020. 선박안전법
021. 선박법
022. 수산업법
023. 고압가스안전관리법
024. 국민연금법
025. 공동주택관리법
026. 화학물질관리법
027. 어선원 및 어선 재해보상보험법
028. 장기등 이식에 관한 법률
029. 자연재해대책법
030. 공유재산 및 물품 관리법
031. 산업입지 및 개발에 관한 법률
032. 부정경쟁방지 및 영업비밀보호에 관한 법률
033. 금융지주회사법
034. 온실가스 배출권의 할당 및 거래에 관한 법률
035. 건축사법
036. 산림문화휴양에 관한 법률
037. 전기사업법
038. 사립학교법
039. 고등교육법
040. 액화석유가스의 안전관리 및 사업법
041. 선박투자회사법
042. 수산자원관리법
043. 위험물선박운송및저장규칙
044. 선박평형수관리법
045. 주택임대차보호법
046. 상가건물임대차보호법
047. 지방공기업법
048. 승강기안전관리법
049. 수목원·정원의 조성 및 진흥에 관한 법률
050. 민법
051. 치료감호 등에 관한 법률
052. 대부업 등의 등록 및 금융이용자 보호에 관한 법률
053. 사료관리법
054. 무형문화재 보전 및 진흥에 관한 법률
055. 총포·도검·화약류 등의 안전관리에 관한 법률
056. 경찰관직무집행법
057. 시설물의 안전 및 유지관리에 관한 특별법
058. 수산생물질병 관리법
059. 소비자기본법
060. 국제선박등록법
061. 정보통신망 이용촉진 및 정보보호 등에 관한 법률
062. 해운법
063. 농수산물 품질관리법
064. 수산업협동조합법
065. 해외건설촉진법
066. 수상레저안전법
067. 공무원재해보상법
068. 수상에서의 수색·구조 등에 관한 법률
069. 어촌어항법
070. 항만법
071. 항만운송사업법
072. 해양경비법
073. 해양사고의 조사 및 심판에 관한 법률
074. 외국인근로자의 고용 등에 관한 법률
075. 중소기업기본법
076. 자유무역지역의 지정 및 운영에 관한 법률
077. 대기환경보전법
078. 소음진동관리법
079. 폐기물관리법
080. 하수도법
081. 물환경보전법
082. 토양환경보전법
083. 환경정책기본법
084. 산업재해보상보험법
085. 관세법
086. 노동조합 및 노동관계조정법
087. 근로기준법
088. 군인연금법
089. 먹는물관리법
090. 기술보증기금법
091. 관광진흥법
092. 감염병의 예방 및 관리에 관한 법률
093. 사법경찰관리의 직무를 수행할 자와 그 직무범위에 관한 법률
094. 수의사법
095. 가정폭력방지 및 피해자보호 등에 관한 법률
096. 환경영향평가법
097. 체육시설의 설치 · 이용에 관한 법률
098. 장사 등에 관한 법률
099. 상호저축은행법
100. 은행법
101. 보호관찰 등에 관한 법률
102. 형법
103. 자동차관리법
104. 형사소송법
105. 전자금융거래법
106. 마약류 불법거래 방지에 관한 특례법
107. 도로법
108. 주세법
109. 변리사법
110. 하천법
111. 중소기업진흥에 관한 법률
112. 발달장애인 권리보장 및 지원에 관한 법률
113. 주택법
114. 장애인복지법
115. 농어업경영체 육성 및 지원에 관한 법률
116. 공인중개사법
117. 건강기능식품에 관한 법률
118. 예비군법
119. 개발제한구역의 지정 및 관리에 관한 특별조치법
120. 국유재산법
121. 주차장법
122. 환경기술 및 환경산업 지원법
123. 대기관리권역의 대기환경개선에 관한 특별법
124. 악취방지법
125. 미세먼지 저감 및 관리에 관한 특별법
126. 가축분뇨의 관리 및 이용에 관한 법률
127. 물의 재이용 촉진 및 지원에 관한 법률
128. 물관리기본법
129. 물관리기술 발전 및 물산업 진흥에 관한 법률
130. 자원의 절약과 재활용촉진에 관한 법률
131. 전기 · 전자제품 및 자동차의 자원순환에 관한 법률
132. 건설폐기물의 재활용촉진에 관한 법률
133. 수도권매립지관리공사의 설립 및 운영 등에 관한 법률
134. 폐기물의 국가 간 이동 및 그 처리에 관한 법률
135. 폐기물처리시설 설치촉진 및 주변지역지원 등에 관한 법률
136. 자원순환기본법
137. 잔류성오염물질 관리법
138. 환경분쟁 조정법

해광출판사 대한민국 법령 시리즈

139. 화학물질의 등록 및 평가 등에 관한 법률
140. 환경오염시설의 통합관리에 관한 법률
141. 환경오염피해 배상책임 및 구제에 관한 법률
142. 중소기업제품 구매촉진 및 판로지원에 관한 법률
143. 환경개선비용 부담법
144. 환경분야 시험·검사 등에 관한 법률
145. 환경친화적 산업구조로의 전환촉진에 관한 법률
146. 환경친화적 자동차의 개발 및 보급 촉진에 관한 법률
147. 환경범죄 등의 단속 및 가중처벌에 관한 법률
148. 생명윤리 및 안전에 관한 법률
149. 장애인차별금지 및 권리구제 등에 관한 법률
150. 부동산투자회사법
151. 정치자금법
152. 과학기술기본법
153. 대리점거래의 공정화에 관한 법률
154. 상속세 및 증여세법
155. 학원의 설립 · 운영 및 과외교습에 관한 법률
156. 해양심층수의 개발 및 관리에 관한 법률
157. 전기용품 및 생활용품 안전관리법
158. 사회기반시설에 대한 민간투자법
159. 공직선거법
160. 정당법
161. 유류오염손해배상 보장법
162. 부정청탁 및 금품등 수수의 금지에 관한 법률
163. 항로표지법
164. 어장관리법
165. 민방위기본법
166. 공직자윤리법
167. 선거관리위원회법
168. 유선 및 도선 사업법
169. 전기공사업법
170. 사회복지사업법
171. 택지개발촉진법
172. 국가공무원법
173. 민간임대주택에 관한 특별법
174. 어음법·수표법
175. 민사집행법
176. 상법
177. 문화예술진흥법
178. 중소기업협동조합법
179. 농업협동조합법
180. 도로교통법
181. 의료사고 피해구제 및 의료분쟁 조정 등에 관한 법률
182. 산림보호법
183. 소년법
184. 동물보호법
185. 건축물관리법
186. 도시개발법
187. 화물자동차 운수사업법
188. 도시 및 주거환경정비법
189. 의료법
190. 국회법
191. 응급의료에 관한 법률
192. 출입국관리법
193. 노인복지법
194. 산림자원의 조성 및 관리에 관한 법률
195. 청소년 보호법
196. 초 · 중등교육법
197. 혁신도시 조성 및 발전에 관한 특별법
198. 경제자유구역의 지정 및 운영에 관한 특별법
199. 공공기관의 운영에 관한 법률
200. 대한민국헌법
201. 국민기초생활 보장법
202. 저작권법
203. 가사소송법
204. 국가유공자 등 예우 및 지원에 관한 법률
205. 국민체육진흥법
206. 전통주 등의 산업진흥에 관한 법률
207. 재난 및 안전관리 기본법
208. 정보통신공사업법
209. 주식회사 등의 외부감사에 관한 법률
210. 공익사업을 위한 토지 등의 취득 및 보상에 관한 법률
211. 개인정보 보호법
212. 국세기본법
213. 에너지이용 합리화법
214. 감정평가 및 감정평가사에 관한 법률
215. 국가인권위원회법
216. 가맹사업거래의 공정화에 관한 법률
217. 보건의료기본법
218. 산업안전보건법
219. 법무사법
220. 교육공무원법
221. 특허법
222. 민사소송법
223. 아동복지법
224. 전파법
225. 하도급거래 공정화에 관한 법률
226. 기초연금법
227. 사립학교교직원 연금법
228. 직업안정법
229. 장애아동 복지지원법
230. 부동산등기법
231. 자동차손해배상 보장법
232. 철도안전법
233. 항공안전법
234. 전자상거래 등에서의 소비자보호에 관한 법률
235. 독점규제 및 공정거래에 관한 법률
236. 상표법
237. 채무자 회생 및 파산에 관한 법률
238. 공무원연금법
239. 축산법
240. 근로복지기본법
241. 민원 처리에 관한 법률
242. 약사법
243. 방문판매 등에 관한 법률
244. 건축기본법
245. 지방세기본법
246. 지방세징수법
247. 지방자치법
248. 도시교통정비 촉진법
249. 공공주택 특별법
250. 국세징수법
251. 공인노무사법
252. 중대재해 처벌 등에 관한 법률
253. 외무공무원법
254. 소방시설공사업법
255. 검역법
256. 공중위생관리법
257. 할부거래에 관한 법률
258. 인터넷 멀티미디어 방송사업법
259. 전기통신사업법
260. 제품안전기본법
261. 철도사업법
262. 어린이제품 안전 특별법
263. 영유아보육법
264. 원자력안전법
265. 보험업법
266. 경비업법
267. 교통안전법
268. 세무사법
269. 관세사법
270. 공인회계사법
271. 지방공무원법
272. 고용정책 기본법
273. 국가경찰과 자치경찰의 조직 및 운영에 관한 법률
274. 협동조합 기본법
275. 재해구호법
276. 환경보건법

해광출판사 대한민국 법령 시리즈

277. 자살예방 및 생명존중문화 조성을 위한 법률
278. 소방산업의 진흥에 관한 법률
279. 소방기본법
280. 비송사건절차법
281. 자연환경보전법
282. 변호사법
283. 기업구조조정투자회사법
284. 전기통신기본법
285. 에너지법
286. 해양생태계의 보전 및 관리에 관한 법률
287. 사회보장기본법
288. 통신비밀보호법
289. 공증인법
290. 물류시설의 개발 및 운영에 관한 법률
291. 청소년활동 진흥법
292. 형의 집행 및 수용자의 처우에 관한 법률
293. 도시공원 및 녹지 등에 관한 법률
294. 태권도 진흥 및 태권도공원 조성 등에 관한 법률
295. 녹색건축물 조성 지원법
296. 우편법
297. 예금자보호법
298. 건설산업기본법
299. 금융회사의 지배구조에 관한 법률
300. 장애인활동 지원에 관한 법률
301. 언론중재 및 피해구제 등에 관한 법률
302. 국가재정법
303. 농지법
304. 게임산업진흥에 관한 법률
305. 정신건강증진 및 정신질환자 복지서비스 지원에 관한 법률
306. 디자인보호법
307. 의료기사 등에 관한 법률
308. 스마트도시 조성 및 산업진흥 등에 관한 법률
309. 내수면어업법
310. 한국주택금융공사법
311. 의료기기법
312. 유통산업발전법
313. 전통시장 및 상점가 육성을 위한 특별법
314. 여신전문금융업법
315. 해외자원개발 사업법
316. 산업교육진흥 및 산학연협력촉진에 관한 법률
317. 빈집 및 소규모주택 정비에 관한 특례법
318. 기업도시개발 특별법
319. 전력기술관리법
320. 국토기본법
321. 지하수법
322. 식품위생법
323. 광업법
324. 호스피스·완화의료 및 임종과정에 있는 환자의 연명의료결정에 관한 법률
325. 주식·사채 등의 전자등록에 관한 법률
326. 표시·광고의 공정화에 관한 법률
327. 골재채취법
328. 국민건강증진법
329. 새마을금고법
330. 여객자동차 운수사업법
331. 마리나항만의 조성 및 관리 등에 관한 법률
332. 한부모가족지원법
333. 국가를 당사자로 하는 계약에 관한 법률
334. 지방자치단체를 당사자로 하는 계약에 관한 법률
335. 축산물 위생관리법
336. 병역법
337. 음악산업진흥에 관한 법률
338. 국가균형발전 특별법
339. 첨단재생의료 및 첨단바이오의약품 안전 및 지원에 관한 법률
340. 공간정보의 구축 및 관리 등에 관한 법률
341. 공유수면 관리 및 매립에 관한 법률
342. 농수산물 유통 및 가격안정에 관한 법률
343. 아시아문화중심도시 조성에 관한 특별법
344. 신탁법
345. 자연공원법
346. 생활화학제품 및 살생물제의 안전관리에 관한 법률
347. 군인사법
348. 국제조세조정에 관한 법률
349. 낙동강수계 물관리 및 주민지원 등에 관한 법률
350. 주민등록법
351. 집합건물의 소유 및 관리에 관한 법률
352. 집단에너지사업법
353. 산림조합법
354. 반도체집적회로의 배치설계에 관한 법률
355. 자본시장과 금융투자업에 관한 법률
356. 담보부사채신탁법
357. 근로자퇴직급여 보장법
358. 국제과학비즈니스벨트 조성 및 지원에 관한 특별법
359. 수도법
360. 식품 등의 표시 · 광고에 관한 법률
361. 약관의 규제에 관한 법률
362. 인삼산업법
363. 종자산업법
364. 항공사업법
365. 건설기계관리법
366. 군형법
367. 궤도운송법
368. 기술의 이전 및 사업화 촉진에 관한 법률
369. 농수산물의 원산지 표시 등에 관한 법률
370. 담배사업법
371. 석유 및 석유대체연료 사업법
372. 가축전염병 예방법
373. 농어촌정비법
374. 식물신품종 보호법
375. 항공보안법
376. 중소기업창업 지원법
377. 군사법원법
378. 우주개발 진흥법
379. 해저광물자원 개발법
380. 산림복지 진흥에 관한 법률
381. 지능형 로봇 개발 및 보급 촉진법
382. 헌법재판소법
383. 옥외광고물 등의 관리와 옥외광고산업 진흥에 관한 법률
384. 혈액관리법
385. 국제항해선박 등에 대한 해적행위 피해예방에 관한 법률
386. 유료도로법
387. 독립유공자예우에 관한 법률
388. 신에너지 및 재생에너지 개발 · 이용 · 보급 촉진법
389. 신용정보의 이용 및 보호에 관한 법률
390. 출판문화산업 진흥법
391. 공항시설법
392. 국민 평생 직업능력 개발법
393. 아동 · 청소년의 성보호에 관한 법률
394. 방송법쉬
395. 신용보증기금법
396. 화장품법
397. 청소년 기본법
398. 인터넷주소자원에 관한 법률
399. 양곡관리법
400. 도로명주소법
401. 전자문서 및 전자거래 기본법
402. 산업기술의 유출방지 및 보호에 관한 법률
403. 국가기술자격법
404. 양식산업발전법
405. 산업기술혁신 촉진법
406. 새만금사업 추진 및 지원에 관한 특별법
407. 전자정부법
408. 지역 개발 및 지원에 관한 법률
409. 한국농어촌공사 및 농지관리기금법
410. 계량에 관한 법률
411. 기업활동 규제완화에 관한 특별조치법
412. 군에서의 형의 집행 및 군수용자의 처우에 관한 법률

해광출판사 대한민국 법령 시리즈

413. 규제자유특구 및 지역특화발전특구에 관한 규제특례법
414. 금융위원회의 설치 등에 관한 법률
415. 남녀고용평등과 일·가정 양립 지원에 관한 법률
416. 농어업인 삶의 질 향상 및 농어촌지역 개발촉진에 관한 특별법
417. 댐건설·관리 및 주변지역지원 등에 관한 법률
418. 국가유산수리 등에 관한 법률
419. 법원조직법
420. 보훈보상대상자 지원에 관한 법률
421. 부패방지 및 국민권익위원회의 설치와 운영에 관한 법률
422. 과학기술분야 정부출연연구기관 등의 설립·운영 및 육성에 관한 법률
423. 연구개발특구의 육성에 관한 특별법
424. 친환경농어업 육성 및 유기식품 등의 관리·지원에 관한 법률
425. 연안관리법
426. 영화 및 비디오물의 진흥에 관한 법률
427. 신용협동조합법
428. 방송통신발전 기본법
429. 범죄피해자 보호법
430. 가축 및 축산물 이력관리에 관한 법률
431. 국가표준기본법
432. 국가통합교통체계효율화법
433. 범죄인 인도법
434. 국가과학기술 경쟁력 강화를 위한 이공계지원 특별법
435. 국제경기대회 지원법
436. 금융혁신지원 특별법
437. 수자원의 조사·계획 및 관리에 관한 법률
438. 축산자조금의 조성 및 운용에 관한 법률
439. 소방시설 설치 및 관리에 관한 법률
440. 양성평등기본법
441. 축산계열화사업에 관한 법률
442. 수입식품안전관리 특별법
443. 대외무역법
444. 국가연구개발사업 등의 성과평가 및 성과관리에 관한 법률
445. 무역보험법
446. 기술사법
447. 광산안전법
448. 농약관리법
449. 농업·농촌 및 식품산업 기본법
450. 문화산업진흥 기본법
451. 부담금관리 기본법
452. 야생생물 보호 및 관리에 관한 법률
453. 한국은행법
454. 별정우체국법
455. 원양산업발전법
456. 콘텐츠산업 진흥법
457. 한국수출입은행법
458. 외국인투자 촉진법
459. 물류정책기본법
460. 전자서명법
461. 산업발전법
462. 산업표준화법
463. 소프트웨어 진흥법
464. 토지이용규제 기본법
465. 해수욕장의 이용 및 관리에 관한 법률
466. 정보통신 진흥 및 융합 활성화 등에 관한 특별법
467. 정보통신산업 진흥법
468. 지진·화산재해대책법
469. 소금산업진흥법
470. 위치정보의 보호 및 이용 등에 관한 법률
471. 외국법자문사법
472. 이러닝(전자학습)산업 발전 및 이러닝 활용 촉진에 관한 법률
473. 암관리법
474. 실용신안법
475. 가족관계의 등록 등에 관한 법률
476. 무인도서의 보전 및 관리에 관한 법률
477. 감사원법
478. 정보보호산업의 진흥에 관한 법률
479. 결혼중개업의 관리에 관한 법률
480. 공익신고자 보호법
481. 박물관 및 미술관 진흥법
482. 낚시 관리 및 육성법
483. 동산·채권 등의 담보에 관한 법률
484. 임금채권보장법
485. 국민투표법
486. 농림수산업자 신용보증법
487. 국가채권 관리법
488. 중소기업은행법
489. 식품안전기본법
490. 외국환거래법
491. 발명진흥법
492. 건설기술 진흥법
493. 기후위기 대응을 위한 탄소중립·녹색성장 기본법
494. 인체조직안전 및 관리 등에 관한 법률
495. 엔지니어링산업 진흥법
496. 신문 등의 진흥에 관한 법률
497. 식물방역법
498. 석탄산업법
499. 산업융합 촉진법
500. 비료관리법
501. 임업 및 산촌 진흥촉진에 관한 법률
502. 복권 및 복권기금법
503. 대규모유통업에서의 거래 공정화에 관한 법률
504. 뉴스통신 진흥에 관한 법률
505. 지능정보화 기본법
506. 자격기본법
507. 중소기업 기술혁신 촉진법
508. 국가공간정보 기본법
509. 농어업재해대책법
510. 방송광고판매대행 등에 관한 법률
511. 지식재산 기본법
512. 초고층 및 지하연계 복합건축물 재난관리에 관한 특별법
513. 해양 조사와 해양정보 활용에 관한 법률
514. 공간정보산업 진흥법
515. 공공기관의 정보공개에 관한 법률
516. 행정기본법
517. 해상교통안전법
518. 농어업재해보험법
519. 문화유산의 보존 및 활용에 관한 법률
520. 자연유산의 보존 및 활용에 관한 법률
521. 국토의 계획 및 이용에 관한 법률
522. 건축법
523. 국민건강보험법
524. 계엄법
525. 환경친화적 선박의 개발 및 보급 촉진에 관한 법률
526. 해양폐기물 및 해양오염퇴적물 관리법
527. 연안사고 예방에 관한 법률
528. 전기안전관리법
529. 의약품 등의 안전에 관한 규칙
530. 공공보건의료에 관한 법률
531. 군보건의료에 관한 법률
532. 농어촌 등 보건의료를 위한 특별조치법
533. 보호소년 등의 처우에 관한 법률
534. 국가를 당사자로 하는 소송에 관한 법률
535. 간호법
536. 국립묘지의 설치 및 운영에 관한 법률
537. 주류 면허 등에 관한 법률
538. 부가가치세법
539. 자율운항선박 개발 및 상용화 촉진에 관한 법률

*** 해광출판사의 법령 시리즈는 계속 발행 됩니다.**
**** 각 도서의 개정판은 인쇄일을 기준으로 제작 되었습니다.**